슬기로운 반려 생활

냥냥이 편

귀여운 일러스트와 함께 남녀노소 가볍게 읽을 수 있는 본격 고양이 탐구서

슬기로운 반려 생활

냥냥이 편

머리말

인간에게 반려동물이란 참 가깝고도 먼 존재입니다. 말이 통하는 것도 아닌데 서로의 감정이 공유된 것 같은 느낌을 받을 땐 세상 유일무이한 존재가 됐다가도, 도저히 이해할 수 없는 행동을 할 땐 같은 공간에 있어도 너무나 멀게만 느껴지기 때문입니다.

인간이 생활하는 영역에까지 동물을 들이기 시작한 건 생각보다 오래전의 일입니다. 집안으로 들어온 동물들은 일 년 내내 안전한 장소에서 사냥하지 않아도 굶지 않을 수 있게 된 대신 인간이 원하는 모습과 행동을 하도록 진화되었고, 그것이 지금에 이르러 작고 귀여운 외모에 인간을 좋아하는 성격을 갖추게 된 것입니다.

현대의 반려동물은 그렇게 가족의 일원이 되었습니다. 내 친구, 내 동생, 내 자식 같은 그런 진짜 가족 말입니다. 그래서 어쩔 땐 사람보다도 더 극진한 대접을 받기도 합니다. 반려동물을 잃은 슬픔이 너무나도 커 '펫로스 증후군'이라는 말이 생겨날 만큼 인간이 쏟는 애정은 나날이 깊어지고 있습니다.

하지만 아이러니하게도 버려지는 아이들 또한 점점 늘어나고 있는 게 사실입니다. 그 이유는 뭘까요? 누군가는 '반려'로 맞이하는 일을 그저 단순하게 생각했기 때문입니다. 반려동물을 키운다는 건 기쁘고 즐겁기만 한 일이 아닙니다. 한 가지 행동을 하더라도 그 의미는 뭔지, 왜 그런 행동을 한 건지, 혹시 뭔가가 맘에 안 들거나 건강에 이상이 생긴 건 아닌지 신경 써주어야 합니다. 그러기 위해서 우리는 반려동물에 대해 알아갈 시간이 필요합니다.

「슬기로운 반려 생활」은 이러한 과정의 시작을 위해 만들어졌습니다. 기본적인 지식부터 다소 엉뚱하지만 흥미로운 상식들까지 현재 반려동물을 키우거나, 키울 예정이거나, 혹은 키우지 않더라도 반려동물에 대해 알고 싶은 사람이라면 누구나 재미있게 읽을 수 있는 내용으로 구성되었습니다. 또한 글과 함께 다양한 삽화를 그려 넣어 아이부터 어른까지 지루하지 않으면서 충분히 이해를 도울 수 있도록 했습니다.

우리는 이 책을 통해 여러분이 그간 반려동물에게 가졌던 편견이나 오해를 풀고 새로운 매력을 발견할 수 있기를 바랍니다. 그리고 더 나아가 그들을 좀 더 사랑할 수 있게 되는 밑거름이 되었으면 좋겠습니다.

CONTENTS

1 내 이름은 고양이

- 그루밍은 필수 10
- 점프의 귀재 12
- 실루엣으로 구분해요 14
- 취미는 꾹꾹이 16
- 특기는 골골송 18
- 하악질에 주의하세요 20
- 잠꾸러기는 아니야 22
- 작은 소리도 귀신같이 알아들어요 24
- 짜 먹는 간식을 좋아하는 이유 26
- 마킹을 위한 스프레이 28
- 목덜미를 잡히면 꼼짝 못 해요 30
- 착지점수는 10점 만점 32
- 주로 쓰는 손이 달라요 34
- 헤어볼을 토해요 36
- 플레멘 반응 38
- 새콤한 냄새는 싫어요 40
- 응가는 건조한 편이에요 42
- 고양이 액체설 44

 알려다옹 귀와 꼬리로 알 수 있는 고양이의 마음 46

2 KITTY 나를 알다가도 모르겠다고?

- 게으른 게 아니라 효율적인 거야 50
- 나는야 집안 살림 거들 내기 일인자 52
- 상자만 보면 들어가고 싶어요 54
- 고양이 세계에서 인사하는 법 56
- 진정시킬 행동이 필요해 58
- 사랑의 박치기 60
- 구멍만 보면 호기심이 생겨요 62
- 한밤중에 뛰어야 제맛 64
- 초식동물이라 오해하지 마세요 66
- 먹이를 파묻는 이유 68
- 사냥감은 왜 물고 오냐고요? 70
- 배변으로 마킹하기 72
- 억울해도 이해해 주세요 74
- 볼일을 보고 나면 뛰어다니는 이유 76
- 뒤를 보여준다는 것 78
- 고양이들의 알로그루밍 80
- 궁디팡팡 해주세요, 얼른요 82
- 몸싸움은 최대한 피하는 편 84
- 고양이들의 비밀스러운 모임 86

 알려다옹 고양이의 종류 : 단모종편 88

3 KITTY 다 나름대로 이유가 있어

- 마음에 안 들어서 그랬어요 92
- 귀신이라도 보는 거냐고요? 94
- 고개를 갸웃거리는 이유 96

- 내 꼬리가 어때서 98
- 자면서 몸을 움찔거리는 이유 100
- 고양이 전용 음악을 아시나요 102
- 고양이 세계에도 따돌림은 존재한다 104
- 방금 청소한 화장실에 볼일을 보는 이유 106
- 싫어서 그런 게 아니야 108
- 빨래 위에 올라가는 건 말이죠 110
- 반대가 끌리는 이유 112
- 속일 생각은 안 하는 게 좋아요 114
- 고양이에게 외로움이란 116
- 장난감에 반응하지 않는 이유 118
- 새끼는 우대해드립니다 120
- 고양이의 귀소 본능 122
- 화장실 가장자리에 발을 올리는 이유 124
- 위험한 동거 126
- 눈을 가리고 자는 이유 128

 알려다옹 고양이의 종류 : 장모종편 130

4 KITTY 고양이에 관한 흥미로운 QnA

- 왜 다른 고양이의 행동을 따라 할까요? 134
- 새끼에게 반드시 어미가 필요한 이유 136
- 고양이의 무늬는 어떻게 생기나요? 138
- 고양이에게도 트라우마가 생길까요? 140
- 고양이도 많고 적음을 구분할 수 있나요? 142
- 검은 고양이가 궁금해요 144
- 새끼들 사이에도 서열이 존재할까요? 146
- 고양이는 정말로 생선을 좋아하나요? 148
- 사랑의 주도권은 암컷에게 있나요? 150
- 치즈냥이들은 왜 대부분 덩치가 클까요? 152
- 고양이는 얼마나 오랫동안 기억할 수 있나요? 154

- 배설물을 제대로 덮지 않는 이유는 뭘까요? 156
- 다묘 가정이 평화로울 수 있는 이유 158
- 삼색 고양이의 대부분이 암컷인 이유는 뭔가요? 160
- 고양이는 밖에서 대체 뭘 하다 오는 걸까요? 162
- 고양이의 성격은 어떻게 결정되나요? 164
- 대장 고양이는 왜 얼굴이 클까요? 166
- 흰 고양이는 겁이 많나요? 168
- 못 말리는 엄마 바라기가 되는 이유 170

 알려다옹 고양이에 관한 믿거나 말거나 172

5 영원한 너만의 집사

- 다들 그렇게 집사가 된다 176
- 고양이의 변덕을 조심하세요 178
- 나를 마중 나와준 거야? 180
- 고양이 눈에 비친 나 182
- 고양이 동영상을 멈출 수가 없어요 184
- 아침마다 나를 깨우는 이유 186
- 무는 버릇 고치기 대작전 188
- 놀랐을 때 왜 나를 쳐다보는 거니 190
- 책상에만 앉으면 방해를 해요 192
- 똥냥아 다이어트하자 194
- 반려의 역사 196
- 배를 보여주는 이유 198
- 내 목소리를 알아듣는 걸까? 200
- 고양이를 키우면 건강해진대요 202
- 냥줍은 함부로 하는 게 아니랍니다 204
- 그럼에도 네가 밉지 않은 이유 206
- 나이든 고양이와 산다는 건 208
- 고양이에게도 찾아오는 분리불안 210
- 커져만 가는 사랑이 문득 두려울 때 212

1

내 이름은 고양이

그루밍은 필수

고양이가 하루 중 많은 시간을 할애하는 부분이 바로 그루밍(Grooming)입니다. 그루밍이란 자신의 몸 이곳저곳을 핥아 털을 고르는 행동을 말하는데요. 깨어 있는 시간의 3분의 1에서 2분의 1을 여기에 쓴다고 하니 항상 깨끗하고 윤기 나는 털을 유지하는 덕분에 목욕할 필요가 없을 정도랍니다. 고양이가 이토록 그루밍에 공들이는 이유에는 여러 가지가 있다고 해요.

기본적으로 세정효과가 있는 침을 묻혀 털과 피부의 위생을 관리하고, 몸에 붙은 기생충 등을 없애 건강을 유지하려는 것입니다. 또 사냥을 하거나 적을 피하기 위해선 자신의 냄새를 최대한 없애야 하기 때문에 그루밍을 하는 것도 있는데요. 이때는 생존과 연결되는 문제라고 할 수 있겠죠. 물론 집에서 기르는 고양이는 사냥할 필요가 없지만 긴 시간 동안 이어져 온 습성을 그리 쉽게 버리긴 힘들 거예요.

이외에도 그루밍할 때 바르는 침으로 체온을 조절하고, 그루밍하면서 긴장을 완화시킬 수도 있다고 해요. 또 고양이들 사이에서는 친근함의 표시로 서로 그루밍을 해주기도 한답니다. 고양이에게 그루밍은 생각보다 더 중요한 작업이에요.

점프의 귀재

갑작스러운 소리에 놀란 고양이가 위로 점프하는 모습을 본 적이 있나요? 위험한 일이 일어난 걸지도 모르니 일단은 피하고 보려는 의미의 행동인데요. 그 밖에도 사냥놀이를 하거나 높은 곳에 올라갈 때 어떠한 도움닫기나 준비 자세도 없이 단숨에 높이 뛰어오르는 걸 보면 마치 다리에 스프링이라도 달린 것 같죠. 이렇듯 볼 때마다 놀라운 고양이 점프력의 비결은 뭘까요?

알려진 바에 따르면 고양이는 자기 몸의 높이 보다 약 5배 가까이 더 높게 뛸 수 있다고 해요. 사람으로 치면 무려 아파트 3층 높이까지 점프할 수 있는 것이라고 하는데요. 고양이가 이토록 높이 뛰어오를 수 있는 건 가벼운 몸과 뒷다리 근육의 뛰어난 탄력을 가진 신체조건 덕분이라고 합니다.

냥냥이 짤막상식　　　고양이의 골격구조

고양이의 골격에서 가장 큰 특징은 척추뼈가 유독 많다는 것인데요. 사람의 척추는 32~34개인 반면 고양이는 무려 52~53개라고 합니다. 게다가 모든 관절을 자유롭게 움직일 수 있기 때문에 운동능력이 뛰어날 뿐만 아니라 놀라울 정도의 유연함을 자랑하죠. 또한 쇄골이 작고 다른 뼈에 고정되어 있지 않아서 어깨뼈의 움직임이 훨씬 자유롭기 때문에 더 빠르게 달릴 수 있음은 물론 비좁은 틈을 통과하거나 폭이 좁은 곳도 쉽게 다닐 수 있다고 해요.

실루엣으로 구분해요

고양이는 뛰어난 청각과 후각에 비해 시력이 별로 좋지 않습니다. 물체가 선명하게 보이지 않기 때문에 주로 실루엣으로 구분하죠. 따라서 갑자기 달라진 모습을 한 집사를 보면 '누구야?!' 하고 놀란답니다.

다만 밤이 되면 얘기가 조금 달라지는데요. 어두운 곳에서도 어디 하나 부딪치지 않고 뛰어노는 고양이들을 볼 수 있죠. 이는 어두울 때 빛을 감지하는 세포가 굉장히 발달해 있기 때문이에요. 고양이의 먹잇감이 되는 동물들은 대부분 어두울 때 가장 활발하게 활동하기 때문에 낮에는 약해지는 대신 한밤중에도 잘 볼 수 있는 쪽으로 진화한 거죠. 또한 고양이는 동체시력도 좋아서 움직이는 물체는 정확하게 포착할 수 있다고 하는데요. 새의 날갯짓까지도 보인다고 하니 정말 대단하지 않나요?

참고로 고양이는 빨간색을 인지하는 원추세포가 부족해서 빨간색을 구분하지 못하는 부분색맹이라고 합니다. 따라서 고양이에게는 빨간색이 마치 회색처럼 희멀건하게 보인다고 해요. 또한 고양이의 눈에는 제3안검, 또는 순막이라 불리는 세 번째 눈꺼풀이 존재하는데, 이는 안구 표면이 건조하지 않도록 해줄 뿐만 아니라 외부로부터 눈을 보호하는 역할을 하죠. 한편 밤에 고양이를 마주쳤을 때 두 눈이 번쩍하고 빛나 보이는 건 망막 뒤에 있는 타페텀이라는 조직이 마치 반사판처럼 빛을 반사하기 때문이랍니다.

취미는 꾹꾹이

    푹신한 이불이나 누워있는 집사의 몸 위에 올라간 고양이가 마치 마사지를 하듯이 앞발을 주물주물할 때가 있는데요. 흔히 꾹꾹이라고 하는 이러한 행동은 새끼일 때 어미의 젖이 잘 나오도록 젖을 빨면서 본능적으로 앞발을 움직이던 습관이 커서도 남아있는 것이라고 해요. 어미의 배처럼 따뜻하고 부드러운 곳에서 꾹꾹이를 하며 새끼 때의 행복한 기분으로 돌아가는 거죠. 따라서 어떤 때는 편안하고 기분이 좋을 때 내는 그르릉 소리, 일명 골골송을 부르면서 꾹꾹이를 하는 경우도 있답니다. 참고로 어미와 일찍 떨어진 고양이는 성묘가 되어서도 꾹꾹이를 자주 한다고 해요.

    그 밖에도 꾹꾹이를 하는 이유는 발바닥에서 땀과 함께 나오는 페로몬을 묻혀 자신의 영역임을 표시하기 위함일 수도 있고, 집사에게 꾹꾹이를 한다면 애정표현의 하나일 수도 있다고 합니다. 또 잠자리를 만들기 위해 땅을 평평하게 다지는 행동이거나 발정기가 찾아온 암컷 고양이의 경우 수컷에게 이를 알리기 위해 꾹꾹이를 하기도 한다네요.

특기는 골골송

　고양이의 일명 '골골송'을 들어본 적이 있나요? 이는 마치 진동이 울리는 것처럼 낮게 그르릉대는 소리를 말하는데요. 울음소리도 아닌 것이 어디를 통해 내는 건지 정확히 알 수가 없어 신기해했던 적이 있을 거예요.

　고양이는 보통 굉장히 편안하고 기분이 좋을 때 목을 그르릉하고 울립니다. 이러한 소리는 태어나면서부터 내기 시작하는데 이때는 어미와의 의사소통을 위한 일종의 신호로 사용한다고 해요. 잘 먹고 있다거나 잘 자라고 있다는 것을 어미 고양이에게 알리는 거죠. 어미도 그르릉 소리를 내어 아직 눈과 귀가 닫힌 새끼가 자신을 잘 찾을 수 있도록 하고요. 이외에도 다른 고양이에게 공격할 의사가 없음을 알리고 친하게 지내자는 뜻으로 사용하거나 짝짓기를 할 때 암컷을 안심시키기 위한 용도로 수컷이 그르릉대기도 한다네요.

　반면 어딘가 몸이 아플 때도 이러한 소리를 낸다고 하는데요. 그 특유의 주파수에는 치유의 효과가 있어서 통증을 완화해 주거나 상처 회복을 돕는다고 합니다. 반려묘를 쓰다듬으면서 그르릉대는 소리를 듣고 있으면 왠지 모르게 마음이 편안해지는 것도 이 소리가 가진 힘이 아닐까요.

하악질에 주의하세요

고양이가 수염을 바짝 세우고 잔뜩 화난 표정으로 이빨을 드러내면서 하악 소리를 내는 것을 하악질이라고 하는데요. 보통 화가 났거나 위협할 때 하악질을 한다고 알고 있죠. 틀린 말은 아니지만 위협하기 위한 경우, 실제 공격하기 직전에 경고하는 의미와 겁먹은 상태에서 더 이상 다가오지 말라는 방어의 의미로 나뉜다고 해요. 참고로 고양이의 눈을 빤히 바라보는 것은 싸우자는 뜻이므로 그다지 친하지 않은 고양이라면 하악질을 당할 수 있으니 조심해야 한답니다.

이외에도 반려묘들은 혼자 있고 싶은데 집사가 귀찮게 하거나 자신이 싫어하는 일을 하려고 들 때 짜증의 의미로 하악질을 하기도 하는데요. 이럴 때 그냥 내버려 두지 않으면 할퀴거나 물어서 피를 볼 수도 있으니 잠시 시간을 갖고 거리를 두는 게 좋아요.

한편 특정 부위를 만지려고 할 때 하악질을 한다면 몸에 이상이 있을 수도 있으므로 상태를 관찰한 다음 병원에 데려가 검사를 받아봐야 합니다.

잠꾸러기는 아니야

고양이를 키우기 시작한 초보집사들이 가장 많이 느끼는 것 중 하나가 바로 고양이는 대부분의 시간을 자면서 보낸다는 사실일 거예요. 실제로 고양이는 하루에 절반 이상은 잠을 잔다고 알려져 있는데, 새끼이거나 나이든 고양이의 경우 20시간까지도 잔다고 해요. 고양이의 수면 시간이 이토록 긴 이유는 뭘까요?

야생의 고양이는 반드시 사냥을 통해 먹이를 구해야 했기 때문에 먹잇감이 되는 동물들이 활동하기 전까지는 에너지를 아껴야 했어요. 그렇지만 무방비한 상태로 한자리에 오래 머무르다 보면 언제 적이 다가올지 몰라 깊은 잠은 잘 수 없었죠. 따라서 짧게 푹 자는 대신 언제든 깰 수 있도록 얕은 잠을 오랫동안 자게 된 거예요. 물론 현대의 집고양이들은 사냥할 필요가 없지만 이러한 습성이 남아있기 때문에 여전히 선잠이 든 상태로 오랫동안 있는 거랍니다. 그저 잠꾸러기라고만 생각하진 말아주세요.

냥냥이 짤막상식 — 잠자리를 계속 바꾸는 이유

- 고양이의 몸은 체온 변화가 심해서 주변이 조금만 더워져도 금세 체온이 오르고, 주변이 추워지면 또 금방 떨어집니다. 따라서 더운 날엔 시원한 곳을 찾아, 추운 날엔 좀 더 따뜻한 곳을 찾아 계속해서 장소를 바꿔가며 잡니다.
- 고양이는 기본적으로 안전하고 편안하게 느껴지는 곳을 선호합니다. 따라서 고양이마다 자신에게 가장 알맞은 장소를 몇 군데 정해놓고 그때그때 돌아가며 잡니다.
- 또한 고양이는 햇볕을 좋아하기 때문에 빛이 들어오는 곳을 찾아 이동하면서 잔답니다.

작은 소리도 귀신같이 알아들어요

참치캔을 따기만 하면 언제 어디서든 달려오는 고양이의 청각은 우리가 상상하는 그 이상으로 뛰어나서 인간은 들을 수 없는 음역대의 소리를 들을 수 있을 뿐만 아니라, 귀 양쪽을 따로따로 움직일 수 있기 때문에 소리가 나는 위치를 정확히 파악할 수 있다고 해요. 고양이가 어두운 곳에서 사냥할 수 있는 것도 다 뛰어난 청각 덕분이랍니다.

참고로 사람이 들을 수 있는 가청범위가 20Hz(헤르츠)~20KHz(킬로헤르츠)라면 개는 67Hz~45KHz 정도이고, 고양이는 이보다 넓은 45Hz~64KHz라고 합니다. 즉 고양이는 초음파까지도 들을 수 있기 때문에 남성보다는 여성의 높은 목소리에 더 잘 반응하는 경향이 있다고 해요. 또한 고양이의 귀가 원뿔 모양인 이유는 마치 인공위성이 신호를 받듯이 소리를 모아 증폭시킬 수 있는 가장 알맞은 형태이기 때문인데요. 덕분에 멀리 떨어진 곳에서 나는 소리까지도 크고 선명하게 들을 수 있어요.

한편 모습이 보이지 않아도 소리가 나면 '있다'라고 인식하는 것은 조금 어렵게 말하면 소리에 의한 물리법칙을 이해한다는 뜻인데요. 이를 입증하기 위한 실험으로 고양이에게 구슬을 넣은 상자를 흔들어 소리를 들려주고 뒤집었을 때 구슬이 나오는 경우와 뒤집어도 나오지 않는 경우를 만들었습니다. 그러자 구슬이 나오지 않을 때 상자를 바라보는 시간이 길어졌다고 해요. 소리가 들렸으니 상자 안에 구슬이 있다고 생각한 것인데 나오질 않으니 '왜 안 나오지?'하고 의아해한 것으로 볼 수 있죠. 이와 반대로 흔들어도 소리는 나지 않는데 구슬이 나왔을 때도 비슷하게 한참을 쳐다보았다고 합니다.

짜 먹는 간식을 좋아하는 이유

삐진 고양이도 한 번에 풀어준다는 짜 먹는 간식은 웬만한 고양이들은 전부 좋아하기로 유명하죠. 이처럼 고양이들이 한번 맛보면 사람의 손을 붙잡고 안 놔줄 정도로 짜 먹는 간식을 좋아하는 이유는 뭘까요?

미각이 둔한 편인 고양이는 음식을 맛보다는 냄새로 먼저 파악한 후에 맛있겠다 싶으면 그때 먹기 시작하는데요. 수분 함량이 8~90%에 달하는 짜 먹는 간식은 그만큼 향이 진하기 때문에 고양이의 식욕을 강하게 자극해요. 게다가 걸쭉한 식감을 가장 좋아한다고 하니 고양이의 취향을 제대로 저격한 셈이죠.

다만 짜 먹는 간식에는 염분이 많기 때문에 아무리 좋아해도 적당한 양만 줘야 한다는 점 잊지 마세요.

냥냥이 짤막 상식 — 고양이의 미각

고양이의 혀를 덮고 있는 작은 돌기들에는 미각을 느끼는 '미뢰'가 들어있는데, 그 수가 사람의 10분의 1 수준이라 맛을 느끼기는 하지만 둔한 편이라고 할 수 있어요. 또한 특이하게도 단맛을 잘 느끼지 못한다고 합니다. 대신 미각을 통해 고기의 신선도를 감지할 수 있는 능력이 발달했다고 해요. 한편 뜨거운 것을 잘 먹지 못하는 사람에게 '고양이 혀'를 가졌다고 말하곤 하는데, 사실 웬만한 동물들은 전부 뜨거운 것을 잘 먹지 못한답니다. 고양이로선 조금 억울한 부분일 거예요.

마킹을 위한 스프레이

고양이는 개와 마찬가지로 소변을 통해 자신의 흔적을 남기는 마킹(Marking) 행동을 하는데요. 다른 고양이들이 지나다니는 곳에 남겨야 하므로 이때 소변은 평소처럼 쪼그려 앉는 것이 아닌 네 발로 선 채로 꼬리를 들고 뿌립니다. 따라서 이를 보통 '스프레이(Spray)'라고 해요.

마킹을 목적으로 보는 소변에는 고양이의 다양한 정보가 들어있는 것은 물론 페로몬이 포함되어 있어서 일반적인 소변과 달리 톡 쏘는 듯한 냄새가 나는 것이 특징이에요. 따라서 중성화하지 않은 수컷이나 암컷들이 주로 짝을 찾기 위한 목적으로 스프레이를 한답니다. 그중에서도 중성화하지 않은 수컷의 스프레이 빈도가 제일 높다고 해요.

물론 이미 중성화를 마친 집고양이들도 스프레이를 할 때가 있는데 이때 주목적은 자신의 영역임을 표시하기 위한 것이라고 합니다. 따라서 주로 여러 마리의 고양이들이 제한된 공간에서 함께 지내는 다묘 가정에서 스프레이를 하게 될 가능성이 크다고 하는데요. 이때 벽이나 가구 등에 스프레이를 하면 그 흔적과 냄새 때문에 곤란한 경우가 많아 집사로서는 골치 아픈 일이 하나 더 늘어나는 셈이죠. 이럴 땐 스프레이를 자주 하는 곳에 밥그릇을 갖다 놓거나 장난감으로 놀아주는 등 '스프레이 하는 장소'라는 인식을 바꿔주어야 한다고 하네요.

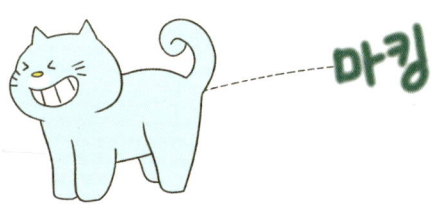

목덜미를 잡히면 꼼짝 못 해요

집사들은 고양이가 얌전히 있도록 보통 목덜미 부분을 누르거나 잡는 방법을 쓰는데요. 목덜미를 잡히면 얌전해지는 고양이의 습성은 태어날 때부터 이미 가지고 있는 것이라고 합니다.

출산한 어미 고양이는 계속해서 더 안전한 장소로 새끼를 옮겨 다니는데 그러려면 입으로 물고 가는 수밖에 없어요. 따라서 이때 새끼의 목덜미를 물게 되는데 만약 몸부림이라도 치면 떨어지거나 적에게 들켜 목숨을 잃을 위험이 있기 때문에 새끼는 본능적으로 얌전해진다고 하네요. 이러한 본능이 계속 남아있어 성묘에게도 효과가 있는 것이고요. 하지만 성묘는 무게가 나가는 상태이므로 목덜미를 잡고 들어 올리면 아파하기 때문에 될 수 있으면 하지 않는 게 좋답니다.

웬만해선 만지지 말라냥

냥냥이 짤막상식

반려묘 입양 준비하기

- **준비물**: 사료와 간식, 화장실, 화장실 모래, 이동장, 캣타워와 스크래쳐, 밥그릇과 물그릇, 고양이 장난감, 발톱깎이와 칫솔 등
- **예방접종**: 새끼 고양이의 경우 태어난 지 두 달 이상 되었거나 입양한 지 열흘 정도 지났을 때 예방접종을 맞혀야 합니다.
- **집안 환경**: 떨어뜨려 깨지거나 고양이가 삼킬 수 있는 물건들은 전부 넣어두고 변기 뚜껑도 항상 닫아둡니다.

착지점수는 10점 만점

고양이가 가진 신기한 능력 중에 하나는 어디서 어떻게 떨어져도 완벽하게 착지할 수 있다는 것인데요. 그 비결은 탁월한 균형감각과 유연성에 있다고 해요. 고양이는 불안정한 자세에서 떨어지면 곧바로 머리가 아래로 향하도록 돌리고 뒤이어 앞다리와 뒷다리 순으로 몸을 회전시켜 똑바로 착지하게 됩니다. 여기서 머리와 몸이 항상 정상적인 위치에 놓이도록 유지하고자 하는 반사를 정향반사, 또는 정위반사(Righting Reflex)라고 하는데, 고양이는 떨어지고 나서 불과 0.2~0.5초 사이에 정향반사가 일어나요. 그리고 이토록 재빠르게 몸을 돌릴 수 있는 건 뛰어난 유연성 덕분이죠.

또한 고양이는 평형감각을 담당하는 귓속의 전정기관이 특히 발달해 있어서 항상 균형을 잃지 않고 안전하게 착지할 수 있어요. 폭이 좁고 높은 곳에서 재빨리 지나다닐 수 있는 것도 이 때문이죠. 거기다 떨어질 때의 충격은 유연한 어깨와 탄탄한 근육으로 이루어진 다리가 흡수해준답니다.

다만 고양이의 착지기술이 아무리 대단해도 어디까지나 한계는 있기 때문에 높은 곳에서 뛰어내리는 행동 자체는 그다지 좋지 않다고 해요. 실제로 추락사고를 당해 부상을 입는 고양이들이 꽤 많다고 합니다.

주로 쓰는 손이 달라요

최근 수컷 집고양이 24마리와 암컷 집고양이 20마리를 대상으로 한 실험 결과에 따르면 수컷은 주로 왼손을, 암컷은 주로 오른손을 쓴다고 해요. 실험에서는 장애물을 넘거나 계단을 오르내리는 등 일생 생활을 할 때 어느 손을 먼저 쓰는지와 높은 곳에 먹이를 두고 어느 손을 먼저 뻗는지를 관찰했는데요. 대부분 높은 확률로 암컷은 오른손, 수컷은 왼손을 사용했습니다.

또 다른 실험에서도 먹이를 넣은 유리병에 고양이가 어느 쪽 손을 넣는지를 조사했더니 위와 같은 결과를 얻었다고 하네요. 연구진들은 이러한 현상이 나타나는 이유가 호르몬 때문이라고 추측합니다. 남성호르몬인 테스토스테론은 우뇌 발달을 촉진하기 때문에 수컷의 경우 우뇌와 이어져 있는 왼손을 주로 쓰게 된다는 것이죠. 이러한 이유로 수컷은 주로 왼손잡이가, 암컷은 오른손잡이가 많은 건 고양이뿐만 아니라 개를 비롯해 사람도 마찬가지라고 합니다.

헤어볼을 토해요

　앞서 고양이는 하루 중 많은 시간을 그루밍에 할애한다고 했는데요. 고양이의 혀는 거친 돌기들로 덮여 있어서 그루밍을 위해 몸을 핥을 때마다 많은 털을 삼키게 됩니다. 그리고 삼켜진 털은 변과 함께 배설되기도 하지만 일부는 위장에 남아 쌓이면서 뭉쳐지게 되는데 이를 헤어볼이라고 해요. 고양이는 헤어볼을 토해냄으로써 배출하기 때문에 그들에게 구토하는 행위는 자연스러운 생리현상이라고 할 수 있습니다.

　하지만 헤어볼이 배출되지 않고 계속해서 몸 안에 남아있을 경우 식욕과 함께 기력이 떨어지고, 변비나 설사를 일으키며, 심하면 사망에 이르게 할 수도 있기 때문에 헤어볼이 쌓이지 않게 미리 예방하거나 배출을 도와야 하는데요. 이를 위해 집사는 빗질을 자주 해주어 죽은 털을 골라 내주고 충분한 수분 섭취와 함께 헤어볼을 방지하는 사료나 녹이는 약 등을 먹이는 것이 좋습니다. 또 캣그라스를 먹게 하여 헤어볼을 토해내도록 도와주는 방법도 있다고 해요.

　반대로 헤어볼을 너무 자주 토해도 문제가 될 수 있는데, 만약 헤어볼을 토하면서 침을 흘리거나 피가 섞여 나오는 등의 징후가 보이면 반드시 병원에 데려가야 합니다.

플레멘 반응

반려묘가 발 냄새를 맡고는 충격받은 얼굴로 입을 다물지 못하면 그렇게 고약한가 싶어 민망해질 때가 있습니다. 하지만 오해하지 마세요. 이는 플레멘 반응(Flehmen Response)이라고 하는 것으로 고양이가 새로운 냄새를 맡았을 때 자연스럽게 보이는 현상이거든요.

고양이에게는 서골비 기관, 또는 야콥슨 기관이라고 하는 후각 기관이 따로 있어서, 주로 다른 고양이의 페로몬을 감지하고자 할 때 이용하는데요. 앞니 뒤쪽의 입천장에 위치해 있기 때문에 이 기관을 통해 냄새를 맡으려면 입을 벌릴 수밖에 없어요. 그리고 어딘가 멍한 듯한 표정은 아마 감지한 페로몬을 분석해 상대의 정보를 파악하는 중이라 제어하지 못하고 있는 것이겠죠. 사람의 옷이나 양말 등에 플레멘 반응을 보이는 것도 거기에 묻은 땀과 체취에서 페로몬을 감지했기 때문일 거예요.

참고로 서골비 또는 야콥슨 기관이라 불리는 후각 기관은 과거 사람에게도 존재했을 것으로 추측하고 있는데요. 실제로 태아가 형성되는 과정을 보면 이 기관을 만들기 위한 통로가 생겼다가 어느 순간 사라진다고 합니다.

새콤한 냄새는 싫어요

귤이나 오렌지 같은 과일을 먹고 있을 때면 도망가거나 아예 다가오지 않는 고양이들이 많죠. 감귤류에서 나는 시큼한 냄새, 즉 시트러스 계열의 냄새는 고양이가 싫어하는 냄새 중 하나이기 때문인데요. 인간에게는 상큼한 과일 향이지만 고양이에게는 썩은 고기의 냄새로 느껴진다고 해요. 고양이의 눈에 감귤류 과일은 그저 상한 음식일 뿐인 거죠.

참고로 감귤류의 껍질에는 리모넨이라는 성분이 포함되어 있는데 사람은 이를 분해할 수 있는 능력이 있지만 고양이는 그러지 못합니다. 따라서 만약 고양이가 귤을 먹을 경우 구토나 피부병 등을 일으킬 수 있으니 주의해야 해요. 또한 귤껍질을 까기만 해도 냄새가 퍼지기 때문에 이 역시 고양이에게는 불쾌한 자극이 될 수 있답니다.

한편 고양이가 싫어하는 냄새라는 점을 이용해 감귤류 과일의 즙을 기피제로 쓰기도 하는데요. 집 안에 있는 가구나 고양이가 들어가선 안 되는 곳에 뿌려두면 고양이의 행동을 교정하는 데 도움을 줄 수 있다고 하네요.

냥냥이 짤막 상식 — 그 밖에 고양이가 싫어하는 냄새들

- 커피향: 커피에 들어있는 카페인은 고양이에게 호흡곤란, 흥분, 경련 등을 일으킬 수 있습니다.
- 허브향: 고양이는 허브나 아로마와 같이 식물의 강한 냄새를 싫어하는데, 이러한 향은 고양이에게 중독 증상을 일으킬 수 있으므로 가까이 두어서는 안 됩니다.
- 각종 향신료: 후추나 고춧가루와 같은 강한 향신료는 고양이에게 심한 자극을 줍니다.

응가는 건조한 편이에요

건강한 고양이의 변은 기본적으로 살짝 무른 느낌이 들면서 한 번에 집어지는 데요. 화장실 모래가 수분을 흡수하면 손으로 만져도 아무것도 묻지 않을 정도가 되죠. 이처럼 고양이 변의 수분 함량이 적은 이유는 그들이 아프리카의 건조한 지역에서 온 동물이기 때문입니다. 그곳은 워낙 물이 귀중한 환경이다 보니 몸에서 배출하는 수분을 최소한으로 하도록 적응했던 거예요. 고양이의 소변 냄새가 지독한 것도 수분 함량이 적기 때문이랍니다.

다만 변이 수분기가 거의 없고 딱딱하다면 간에 이상이 있을 수도 있으니 그럴 땐 검사를 받아보는 게 좋은데요. 이처럼 고양이의 변은 건강 상태를 알 수 있는 중요한 요소이므로 꾸준한 관찰이 필요해요.

냥냥이 짤막 상식 — 변으로 알아보는 건강 상태

- **건강한 상태의 변**: 고양이는 보통 하루에 1~2번 변을 보게 되는데, 건강한 고양이의 변은 손가락처럼 기다란 형태이면서 갈색을 띠고, 휴지로 집을 수 있을 정도로 살짝 무른 상태입니다.
- **문제가 있는 변**: 색깔이 어둡고 표면이 갈라지면서 단단하다면 변비일 가능성이 크고, 반대로 색이 너무 연하면 영양부족을 의심해볼 수 있습니다. 또한 묽은 형태의 변, 즉 설사를 자주 하거나 피가 섞인 혈변을 볼 경우 즉시 병원에 데려가야 합니다.

고양이 액체설

고양이의 유연함은 그 한계가 궁금해질 정도로 늘 놀라움을 줍니다. 비좁은 틈도 무리 없이 빠져나갈 뿐만 아니라 본인의 크기보다 훨씬 작은 공간에도 몸을 구겨 들어가 있으니까요. 이 광경을 목격한 사람들은 우스갯소리로 고양이는 액체가 아닐까 말하곤 하는데요. 실제로 일명 '고양이 액체설'을 연구 주제로 논문까지 발표한 사람이 있다고 해요.

프랑스의 과학자 앙투안은 논문을 통해 고체는 부피와 모양이 고정된 상태이지만 액체는 부피는 고정됐어도 모양은 용기에 따라 달라지니 고양이도 액체가 맞다고 주장하면서 데보라 숫자를 근거로 제시합니다. 여기서 데보라 숫자(Deborah Number)란 물질이 흐르는 시간을 관찰 시간으로 나눈 값으로, 쉽게 말해 변화 시간이 늦어 데보라 숫자가 1보다 크면 고체이고 변화 시간이 빨라 1보다 작으면 액체라는 뜻인데요. 이에 따라 산소와 책, 그리고 고양이를 상자에 넣는다고 가정하면 고양이의 데보라 숫자는 산소와 책의 중간값이 나오므로 고양이는 액체라는 결론이 나온다는 것이죠. 생각보다 그럴듯하지 않나요?

비록 그의 주장은 허무맹랑한 이야기에 불과하지만 재미와 생각할 거리를 주었다는 점에서 의미가 있습니다. 실제로 그는 이 논문으로 엉뚱하고 기발한 연구를 발표한 사람에게 주는 이그노벨상을 받기도 했다네요.

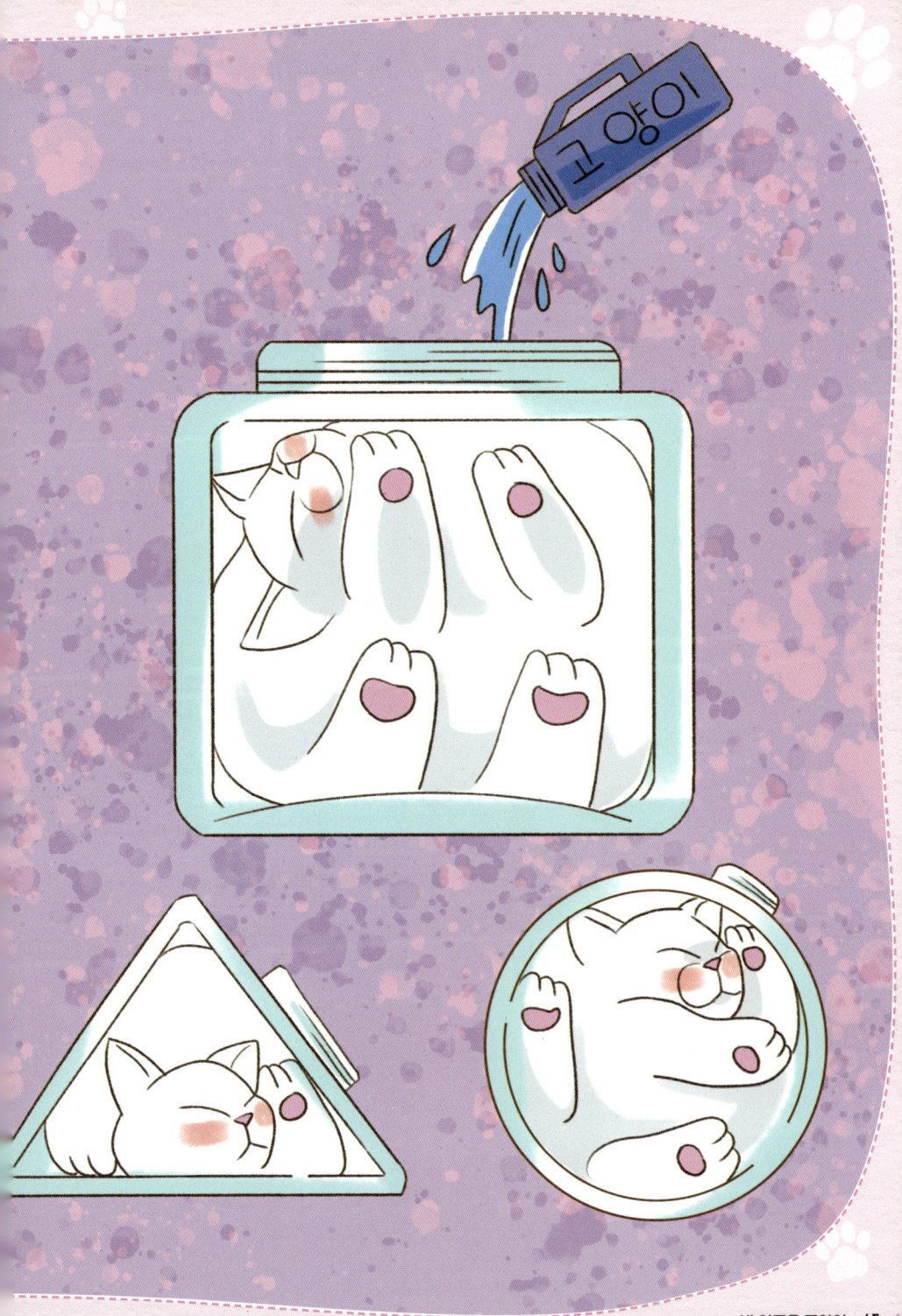

알려다옹

귀와 꼬리로 알 수 있는 고양이의 마음

편안한 상태

무언가에 집중하거나
경계 중인 상태

긴장, 혹은
불안하거나 흥분한 상태

잔뜩 화가 난 상태

2

나를 알다가도 모르겠다고?

게으른 게 아니라 효율적인 거야

다양한 종류의 동물들에게 레버를 당기면 먹이가 나오는 장치의 사용법을 알려주었더니 그냥 먹이를 줬을 때보다 레버를 당겨 얻은 먹이를 더 좋아했다고 해요. 아무런 대가 없이 손쉽게 얻는 것보다 스스로 노력해서 얻어야 가치가 있다고 느끼는 심리가 동물들에게도 적용된다는 뜻인데요.

그런데 이러한 수고 없이 그냥 주는 먹이를 선택한 동물이 있었으니 바로 고양이였답니다. 알다가도 모르겠는 이 생명체는 가만히 있으면 알아서 주니 움직일 필요가 없다, 즉 최소한으로 최대를 얻으려 하는 효율적인 존재일까요, 아니면 그저 게으른 걸까요?

냥냥이 짤막상식
고양이와 친해지고 싶다면

처음 만나는 고양이와 친해지고 싶다면 무엇보다도 기다릴 줄 알아야 합니다. 어서 빨리 친해지고 싶은 마음에 곧바로 다가가거나 쓰다듬으려고 하면 경계심만 키운 채로 도망가버리거든요. 따라서 일단 적당한 거리를 두고 자세를 낮춘 상태에서 고양이가 먼저 다가올 때까지 기다려야 해요. 이때 큰 소리를 내거나 눈을 똑바로 쳐다보는 것은 금물입니다. 만약 고양이가 가까이 다가왔다면 먼저 손을 뻗어 냄새를 맡게 해준 다음 콧등이나 뺨을 살짝 쓰다듬어주세요. 고양이의 기분이 괜찮아 보인다면 간식이나 놀이를 통해 좀 더 가까워지는 것도 좋은 방법이랍니다.

나는야 집안 살림 거덜 내기 일인자

　반려묘가 발톱으로 죄다 긁어놓아 쇼파나 가구를 비롯한 집안 살림이 남아나지 않는 집들이 굉장히 많을 텐데요. 긁을 곳이 필요한가 싶어 스크래쳐를 갖다 놔도 무용지물인 경우가 많습니다.

　고양이가 발톱을 긁는 주된 이유는 발톱을 날카롭게 다듬기 위함이지만 자신의 흔적을 남기는 마킹의 의미도 있다고 해요. 고양이의 발바닥에는 페로몬을 분비하는 분비샘이 있어 발톱을 긁으면서 자신의 체취를 묻히는 거죠. 긁은 흔적 또한 마킹이 될 수 있고요. 따라서 다른 곳도 아닌 그 가구에 마킹하고 싶어서 발톱을 긁는 거라 스크래쳐가 있어도 소용이 없는 거랍니다. 게다가 한 번 마킹한 위치에는 계속해서 마킹을 하기 때문에 가구는 점점 너덜너덜해질 수밖에 없어요.

　이외에도 고양이는 몸을 풀기 위한 스트레칭의 목적으로, 또는 기분이 좋거나 짜증 날 때 이를 해소하기 위해 발톱을 긁기도 한다는데요. 스크래쳐가 아닌 곳에 발톱을 긁는 행동을 막기 위해선 자주 긁는 곳에 고양이가 싫어하는 냄새를 묻히고, 스크래쳐가 익숙해지도록 그 위에서 장난감으로 놀아주거나 캣닢을 뿌려 놓는 등의 방법이 있다고 합니다.

상자만 보면 들어가고 싶어요

사람과 함께이기 전 야생에서의 고양이는 적에게 들키지 않기 위해 나무 안이나 바위틈같이 좁고 어두운 곳을 은신처로 삼았어요. 그런 장소는 자신의 영역 안에 많을수록 좋았죠. 위협이 될만한 상대와 마주칠 것 같거나 잠시 쉬고 싶을 때 바로 몸을 숨길 수 있으니까요. 아마 좁은 곳만 보면 습관적으로 들어갔을 거예요.

현대의 고양이가 상자같이 좁은 공간에 자꾸 들어가려고 하는 건 바로 이런 습성이 남아있어서랍니다. 일단 들어가서 안전하다 싶으면 자신의 잠자리로 선택하는데요. 자신에게 알맞은 공간에 들어간 고양이는 심적으로도 안정감을 느껴 스트레스를 덜 받는다고 하니 반려묘들에게 이런 공간 하나쯤은 꼭 만들어줘야겠어요.

냥냥이 잡학상식 — 고양이가 상자를 좋아하는 이유

- 첫 번째로 스트레스에 대처할 수 있기 때문입니다. 한 실험에 따르면 고양이들을 두 그룹으로 나누어 낯선 장소에 한 그룹은 상자와 함께, 다른 그룹은 상자 없이 들어가게 한 다음 스트레스의 정도를 측정했더니 상자가 있는 그룹의 스트레스 지수가 현저히 낮았다고 하는데요. 실제로 상자를 가진 고양이는 새로운 환경에 빨리 적응해 초기에 받는 스트레스가 적고, 사람과의 상호작용에도 흥미를 보였다고 해요.
- 두 번째로 적정한 온도를 유지할 수 있기 때문이에요. 고양이가 가장 좋아하는 온도는 30~36℃ 사이라고 알려져 있습니다. 따라서 상자와 같이 좁은 공간에 몸을 웅크리고 앉아 있으면 체온이 올라 따뜻한 상태를 계속해서 유지할 수 있기 때문에 상자만 보면 들어가려고 하는 거예요.

고양이 세계에서 인사하는 법

사람도 만나면 인사부터 하듯이 고양이도 자신들만의 방법으로 인사를 합니다. 처음 보는 사이라면 가볍게 눈을 깜빡이는 눈인사부터 시작하죠. 혹은 시선을 돌려 일단 싸울 생각이 없다는 걸 알려요.

만약 친한 사이라면 코와 코를 맞대고 인사를 하는데요. 자신의 냄새를 맡게 하는 것 자체가 경계하지 않는다는 뜻이거든요. 고양이들은 서로의 냄새를 맡으며 무엇을 먹었는지, 혹은 어디를 갔다 왔는지 등을 공유해요. 그리고 코로 하는 인사가 끝나면 상대의 엉덩이 냄새를 맡는데, 항문에는 페로몬을 분비하는 분비선, 즉 취선이 발달해 있어서 이를 통해 고양이의 건강 상태나 기분, 나이, 발정기 등의 정보를 얻을 수 있답니다.

다만 엉덩이 냄새는 자신보다 서열이 높은 고양이가 먼저 맡는 것이 규칙이에요. 따라서 반려묘가 집사에게 엉덩이 냄새를 맡도록 갖다 댄다면 자신보다 서열이 더 높다고 생각해 정중히 인사하는 것이라고 합니다.

진정시킬 행동이 필요해

반려묘가 책상같이 높은 곳에서 실수로 떨어지거나 다른 고양이와 다투고 나서 뜬금없이 그루밍하는 모습을 본 적이 있을 거예요. 이때의 그루밍은 스스로를 진정시키기 위한 전위행동의 하나로 볼 수 있는데요.

전위행동(Displacement Behavior)이란 내면의 긴장이나 갈등을 해소하고자 하는 노력의 일환으로, 언뜻 보면 전혀 상관없는 행동을 하는 것을 말합니다. 사람도 긴장하면 머리를 긁적이거나 손톱을 뜯는 것처럼 고양이도 몸을 핥는 거죠.

고양이가 보여주는 전위행동에는 이외에도 하품을 하거나 혀를 할짝대는 것 등이 있다고 해요.

냥냥이 찔막상식 — 고양이는 이럴 때 스트레스 받는다

- 집안의 물건 또는 구조가 바뀌거나 새로운 집으로 이사했을 때
- 새로운 고양이 또는 다른 동물이 입양되어 들어왔을 때
- 다묘 가정의 경우 같이 사는 다른 고양이와 갈등이 발생할 때
- 아이가 태어나거나 새로운 사람이 등장했을 때

사랑의 박치기

　고양이는 박치기하듯이 머리를 붙이고 이리저리 문대는 행동을 하곤 하는데요. 그 대상은 집사를 비롯해 다른 고양이, 또는 벽이나 가구 같은 곳 등에도 해당되죠.

　고양이의 관자놀이, 입 주위, 뺨, 턱밑에는 페로몬을 내뿜는 취선이 집중해 있어요. 따라서 얼굴을 부벼대는 건 자신의 냄새, 즉 페로몬을 묻히기 위함이라고 할 수 있죠. 또한 이러한 행동은 일종의 인사이자 유대감의 표현이기도 하고, 한편으로는 자신의 소유라고 표시하는 것이기도 합답니다. 특히 집사를 너무 좋아하는 고양이는 관심을 받기 위해 몇 번이고 얼굴을 부벼댄다고 하니 그 깜찍한 모습에 사랑을 주지 않고는 못 배길 거예요.

　한편 새끼가 어미에게, 또는 서열이 낮은 고양이가 서열 높은 고양이에게 머리를 대고 부비는 것은 존중한다는 의미를 지닌 일종의 애정표현이라고 하는데요. 따라서 집사를 엄마처럼 따르는 경우 이러한 뜻에서 다리나 몸에 박치기하기도 한다네요.

구멍만 보면 호기심이 생겨요

앞서 고양이는 자신의 몸을 집어넣을 수 있는 상자와 같은 공간을 좋아한다고 했는데요. 이뿐만 아니라 몸이 들어가지 않는 작은 구멍도 좋아해요. 앞이 뚫려 있는 슬리퍼를 보면 머리를 들이밀거나 발을 집어넣는 것도 꼭 구멍 같기 때문이죠. 게다가 집사의 냄새도 잔뜩 묻어 있으니 더 좋아할 수밖에 없을 거예요.

홀로 사냥하면서 생활했던 야생의 고양이는 주로 벌레나 쥐같이 작은 동물들을 잡아먹었어요. 그러니 작은 굴이나 틈만 보면 먹잇감이 있나 하고 머리부터 들이밀었던 거죠. 그 습성이 이어져 지금도 작은 구멍만 보면 호기심이 발동하는 거랍니다.

냥냥이 짤막상식
고양이를 만지는 방법

고양이는 보통 뺨과 턱, 이마를 비롯한 얼굴 부분과 목덜미, 그리고 머리부터 등까지 부드럽게 쓰다듬어주는 것을 좋아하는데요. 이 부위들은 스스로 그루밍할 수 없거나 자신의 페로몬이 담긴 냄새를 분비하는 분비선이 자리하고 있는 곳들입니다. 따라서 이 부분들을 중심으로 쓰다듬어주되 고양이마다 좀 더 좋아하거나 싫어할 수 있는 곳이 다르므로 내 반려묘는 어떤 곳을 만져주면 좋아하는지 파악해두는 것이 좋아요. 다만 아무리 좋아하는 곳이라도 지나치게 쓰다듬으면 어느 순간 짜증을 낼 수 있으니 고양이의 기분을 살펴 가면서 만져줘야 한답니다.

한밤중에 뛰어야 제맛

한밤중만 되면 이리 뛰고 저리 뛰느라 바쁜 반려묘 때문에 잠을 설치는 집사들이 많죠. 아파트와 같은 곳에서는 우당탕대는 소리가 층간소음의 원인이 되어 고민인 경우도 많을 텐데요. 고양이가 새벽만 되면 뛰어노느라 바쁜 이유는 한마디로 기운은 남아도는데 딱히 할 일도 없고 심심하기 때문이에요.

야생에서의 고양이는 먹잇감들이 주로 활동하는 새벽 즈음에 사냥을 나갔습니다. 따라서 기본적으로 야행성 동물이라고 할 수 있죠. 집고양이가 됐어도 이러한 습성은 남아 있어서 밤이 되면 본격적으로 활동하기 시작하는데요. 문제는 사냥할 것도, 사냥할 필요도 없다는 거예요. 하지만 사냥을 위한 에너지는 넘쳐나니 흥분한 상태에서 일단 달리고 보는 거랍니다.

이러한 행동을 줄이기 위한 가장 좋은 방법은 그 전에 미리 힘을 빼놓는 거예요. 열심히 사냥놀이를 하고 나면 사냥하고자 하는 본능도 충족될 뿐만 아니라 에너지를 소모했기 때문에 자연스럽게 잠자리에 들 수 있죠. 스트레스받는다고 고양이에게 무작정 화내거나 소리를 지르는 건 결코 좋은 해결책이 아니라는 점 잊지 마세요.

초식동물이라 오해하지 마세요

육식동물로 알려졌음에도 고양이가 풀을 뜯어 먹는 모습은 낯설지 않은데요. 아마 대부분의 집사들은 고양이가 헤어볼을 토하기 쉽게 하거나 몸속의 소화를 돕기 위해 풀을 먹는 거라고 생각할 거예요. 물론 이것도 풀을 먹는 이유 중 하나겠지만, 최근 연구에 따르면 어떠한 이유 없이 그저 오래전부터 풀을 먹어왔기 때문에 그 습성이 이어져 지금까지도 풀을 먹는 것일 수 있다고 합니다. 심지어 한 고양이 전문가는 고양이가 풀을 맛있다고 느끼기 때문에 먹는 것이라 주장하기도 해요.

어떤 이유든 고양이가 풀을 먹는 건 자연스러운 현상이지만 지나치게 먹는 건 좋지 않아요. 고양이는 어디까지나 육식동물이기 때문에 풀을 소화하는 능력이 부족하거든요. 아무리 맛있게 먹는다고 해도 풀은 주식이 아니랍니다.

냥냥이 짤막 상식 — 고양이 마약이라 불리는 캣닢과 마따따비

캣닢과 마따따비는 고양이들이 냄새만 맡아도 정신을 못 차리고 흥분하기 때문에 일명 '고양이 마약'이라 불리는 식물들인데요. 우리나라에서 '개박하'라 불리는 캣닢은 꽃과 잎을 말려 가루의 형태로 사용하며, 마따따비는 개다래나무의 가지 부분을 일컫는 말로 지친 여행자가 개다래나무의 열매를 먹고 기운을 되찾아 무사히 여행을 끝냈다는 이야기에서 지어진 이름이라고 합니다. 캣닢과 마따따비는 고양이의 스트레스를 해소하고 정서를 안정시키는 데 도움을 줄 뿐만 아니라 이를 이용해 반응을 유도할 수 있다는 점에서 유용해요.

먹이를 파묻는 이유

고양이는 가끔 엉뚱하게도 밥을 먹다가 갑자기 사료를 파묻는 시늉을 하는데요. 이는 야생에서의 습성이 남아있기 때문이라고 해요. 사냥으로 잡은 먹잇감을 먹다가 배가 부르면 나중에 다시 먹기 위해 땅에 묻어놓았던 거죠. 이렇게 하면 며칠간은 먹잇감이 상하지 않을 뿐만 아니라 혹여나 다른 동물에게 빼앗길 염려도 없으니까요.

하지만 냄새만 맡고 아직 먹지 않은 상태에서 파묻는 시늉을 하는 경우도 있어요. 어딘가 상했거나 싫어하는 냄새가 났기 때문인데요. 야생에서 상한 먹잇감은 그냥 두면 썩으면서 세균과 기생충이 들끓어 잘못하면 병에 걸릴 수 있으니 이 또한 땅에 묻어버리려는 거랍니다. 결과적으로 영역을 깨끗하게 유지하고 질병을 예방하는 행동이라고 할 수 있어요.

한편 반려묘가 새로 바꾼 사료를 잘 먹지 않고 파묻으려 한다면 입맛에 맞지 않을 가능성이 크므로 다른 제품으로 바꿔주는 게 좋다고 합니다.

사냥감은 왜 물고 오냐고요?

어느 날 고양이가 벌레나 쥐 같은 먹잇감을 물고 와 당황스러웠던 집사들이 있을 거예요. 누군가는 이를 고양이가 자신을 보살펴준 대가로 은혜를 갚기 위해 주는 선물이라고도 하는데 정말 그럴까요?

아쉽게도 이는 알려진 사실과는 조금 다른데요. 고양이가 먹잇감을 물고 오는 건 집사에게 사냥하는 법을 가르쳐 줘야겠다는 어미의 마음이 발동했기 때문이라고 합니다. 실제 어미 고양이가 직접 먹잇감을 잡아와 새끼의 눈앞에서 시범을 보이듯 말이죠. 고양이는 사람을 거대하지만 서투른 고양이쯤으로 여기거든요.

한편으로는 집사가 있는 곳을 안전하다고 생각해 먹잇감을 보관해두기 위해 가져온 것이거나 단순히 사냥에 성공했다는 걸 집사에게 자랑하고 칭찬받기 위해서일 수도 있다고 하는데요. 어떤 이유가 됐든 집사를 생각하는 마음에서 벌인 일일 테니 조금 당황스럽더라도 기쁜 얼굴로 받아주자고요.

배변으로 마킹하기

고양이는 기본적으로 볼일을 본 후에 모래로 덮는 습성을 가지고 있습니다. 하지만 어떤 고양이들은 배설물을 덮지 않고 그냥 가버리기도 하는데요. 고양이가 배설물을 모래로 덮는 이유는 적에게 자신의 흔적이 노출되지 않게 하기 위함입니다. 따라서 모래로 덮지 않았다는 건 오히려 냄새를 퍼트려 자신의 정체를 드러내는 의미로 볼 수 있어요.

이런 경우는 보통 그 영역에서 가장 높은 서열을 차지하고 있는 고양이나 혼자 살아 위협받을 일이 없는 집고양이에게서 나타난다고 해요. 그중 서열 1위인 대장 고양이는 보통 다른 고양이들과 영역이 겹치는 곳에 볼일을 보고 그대로 두어 자신의 영역임을 알린다네요. 굳이 가릴 필요가 없다는 자신감의 표현인 거죠. 집고양이의 경우엔 글쎄요. 자신이 집사보다 서열이 높다는 걸 은연중에 알리는 걸 수도..?!

냥냥이 짤막상식

고양이 목욕하기

고양이는 매일 그루밍을 하기 때문에 기본적으로 목욕을 하지 않아도 문제는 없지만 그루밍이 제대로 되지 않아 털이 뭉치거나 기름질 경우, 그리고 장모종인 경우 목욕이 필요한데요. 하지만 알려졌다시피 고양이는 물을 극도로 싫어하는 동물이기 때문에 목욕을 하기 위해선 반드시 철저한 준비와 함께 최대한 빠르게 끝내는 것이 중요해요.

- 목욕에 필요한 물건들은 미리 준비해 둡니다(샴푸, 수건, 브러시, 드라이기 등).
- 목욕에 들어가기 전 빗질을 통해 털을 정리해 줍니다.
- 고양이의 체온만큼 따뜻한 물(37~39℃ 정도)을 받아 발부터 천천히 적셔줍니다.
- 최대한 빠르게 목욕을 끝마친 뒤 체온이 떨어지지 않도록 수건과 드라이기로 잘 말려줍니다.

억울해도 이해해 주세요

반려묘를 키우는 집사라면 한 번쯤은 억울하게 공격당한 경험이 있을 거예요. 다른 고양이와 싸우는 걸 말리려고 했다거나 갑자기 큰 소리가 났을 때, 창문 밖으로 다른 동물을 보았을 때 등 무슨 영문인지 옆에 있는 집사를 갑자기 공격하는 거죠. 이를 대상 전환 공격성(Redirected Aggression)이라고 하는데요. 쉽게 말하면 고양이가 어떤 원인 때문에 흥분한 상태이지만 직접 풀 수 없을 때 옆에 있는 대상에게 화풀이하는 거랍니다.

이러한 행동의 문제는 고양이가 깜짝 놀라거나 당황한 상태에서 안 좋은 일이 생긴 걸 집사 때문이라고 믿어버려 그 뒤로 집사를 싫어하게 될 수도 있다는 거예요. 따라서 반려묘가 대상 전환 공격성을 드러낼 것 같은 상황이 오면 조용히 모습을 감추는 수밖에 없죠.

하지만 그럴 수 없다면 일단 고양이에게 담요를 씌우거나 해서 주변이 보이지 않도록 해야 해요. 만약 고양이들끼리 싸움이 붙었다면 손뼉을 치는 등의 큰 소리로 주의를 분산시킨다든가 하는 방법이 효과적이고요. 억울하게 미움받지 않기 위해선 집사가 노력하는 수밖에 없답니다.

볼일을 보고 나면 뛰어다니는 이유

    야생 시절의 고양이는 소유한 영역의 중심에서 떨어진 곳에 볼일을 봤기 때문에 늘 주변을 경계해야 했습니다. 적에게 들킬 위험이 큰데다가 단시간에 끝낼 수 있는 소변이라면 몰라도 어느 정도 시간이 필요한 대변을 볼 때는 무방비하게 노출된 상태에서 그 긴장도가 더욱 커졌겠죠. 또 배변의 냄새에는 자신에 대한 정보가 들어있기 때문에 적이 눈치채기 전에 얼른 그 자리를 벗어나야 했어요. 그래서 배설이 끝나면 곧장 달리게 된 거랍니다. 그리고 이러한 습성이 지금까지도 남아있어 볼일을 보고나면 뛰어다니는 고양이들이 있는 것인데요.

    한편으로는 긴장하면서 볼일을 보는 동안 쌓인 스트레스를 발산하기 위해 뛰는 것이라는 얘기도 있다고 하네요.

냥냥이 짤막상식   고양이의 발톱을 깎아보자

    반려묘의 발톱을 깎고자 할 때는 발톱깎이에 거부감을 느끼지 않도록 하는 것이 가장 중요해요. 따라서 처음에는 우선 발을 만지는 것부터 익숙해지도록 기분이 좋을 때마다 발을 조금씩 만져주는 행동을 반복합니다. 발톱깎이를 거부하지 않는다면 발톱을 깎는 일은 아주 간단한데요. 먼저 고양이의 발바닥을 살짝 누르면 발톱이 밖으로 드러납니다. 이때 혈관이 위치해 분홍색으로 보이는 부분은 피하고 날카로운 부분만 잘라주는 거예요. 만일 고양이가 발톱 깎는 일에 거부감이 심하다면 깊이 잠들었을 때마다 조금씩 잘라주는 것도 방법이랍니다.

뒤를 보여준다는 것

반려묘가 자꾸 엉덩이를 갖다 대도 너무 당황하지 마세요. 당신은 신뢰받고 있는 집사란 뜻이거든요. 물론 냄새는 조금 날 수 있지만요.

사람도 적에게 등을 보이면 안 된다고 하듯이 고양이도 공격당하기 쉬운 등과 엉덩이 부분을 아무에게나 보이지 않아요. 반려묘가 집사를 보지 않고 등을 돌려 앉아 있는 것에 서운해하지 않아도 된다는 거죠. 게다가 엉덩이를 갖다 댈 때 꼬리를 세우고 항문을 드러내기까지 한다면 집사를 어미처럼 여기고 어리광 피우는 거라고 합니다.

그러니 어느 날 잠에서 깼을 때 복슬복슬한 엉덩이가 눈앞에 있더라도 너무 놀라지 말고 기쁜 마음으로 받아주자고요.

냥냥이 짤막 상식   고양이의 분비선

고양이의 페로몬이 분비되는 분비선 또는 취선은 관자놀이, 입 주위, 뺨, 턱밑, 꼬리 앞, 꼬리, 항문, 발가락 사이에 발달해 있습니다. 따라서 얼굴을 부비거나 꼬리로 감는 것, 또는 발톱을 긁거나 스프레이를 하는 행동들은 전부 기본적으로 자신의 페로몬을 묻혀 자기 소유임을 알리는 것이라 할 수 있어요. 하지만 사람의 후각으로는 이러한 페로몬의 냄새를 맡을 수가 없죠. 그러므로 고양이가 자신에게 페로몬을 묻히는 듯한 행동을 할 때는 그만큼 나를 좋아한다 생각하고 기쁜 마음으로 쓰다듬어 주세요.

고양이들의 알로그루밍

다묘 가정의 경우 고양이들끼리 서로 그루밍해주는 모습을 자주 보게 되죠. 이를 알로그루밍(Allogrooming)이라고 하는데, 보통 알로그루밍을 해준다는 건 사이가 좋다는 증거라고 합니다. 그런데 이토록 다정하게 핥아 주다가도 갑자기 어느 한쪽이 공격하듯이 깨물면서 한바탕 몸싸움이 일어날 때가 있는데요. 이때 고양이는 대체 왜 돌변하는 걸까요?

집고양이를 대상으로 실시한 조사에 따르면 35%가 알로그루밍을 해준 다음 상대를 깨무는 등의 행동을 했다고 합니다. 또한 서열이 높은 고양이가 낮은 고양이에게 해주는 경우가 많았다고 해요.

이를 바탕으로 연구자들은 고양이가 알로그루밍을 하다가도 공격적인 모습을 보이는 행동을 상대에게 자신의 지배력을 보여주려는 것으로 해석했습니다. 자신의 서열이 더 높다는 것을 그루밍을 통해 은근히 보여주다가도 갑자기 공격해 우위를 완전히 드러낸다는 거죠. 사람의 입장에서 완전히 이해할 수는 없지만 아무래도 고양이의 몸 안에는 돌변하게 만드는 스위치 같은 게 있나 봐요.

만약 알로그루밍 후에 깨물거나 공격하는 정도가 심해진다면 고양이들 간의 관계가 나빠질 수도 있으므로 손뼉을 치거나 장난감을 이용해 주의를 돌리는 것이 좋다고 합니다.

궁디팡팡 해주세요, 얼른요

집사에게 다가와 꼬리를 세우고 엉덩이를 갖다 대는 고양이. 바로 엉덩이를 두들겨 달라고 요구하는 것인데요. 일명 궁디팡팡이라 불리는 스킨십을 좋아하는 고양이들이 많은 이유는 뭘까요?

고양이의 엉덩이는 생식기를 포함한 신경이 집중되어있는 민감한 부분이에요. 그렇기 때문에 이곳을 가볍게 자극해 주면 기분이 좋아지죠. 얼마나 좋은지 계속 두들겨 달라고 조를 정도니까요. 또한 엉덩이 부근에는 페로몬을 분비하는 분비선(취선, Scent Gland)이 있기도 해서 소유욕이 강한 고양이는 집사에게 자신의 페로몬을 묻히기 위해 궁디팡팡을 요구하기도 한다네요.

참고로 궁디팡팡을 할 때는 너무 세게 두드리지 말고 목에서부터 길게 쓰다듬으면서 가볍게 두드려주는 게 가장 좋아요. 하지만 민감한 부위인 만큼 궁디팡팡을 싫어하는 고양이도 분명히 있다는 점은 꼭 기억해두세요.

몸싸움은 최대한 피하는 편

고양이들의 싸움은 쉽게 끝이 나는 경우가 많은데요. 보통 바닥에 엎드리고 가만히 있는 쪽이 먼저 물러납니다. 항복하겠다는 뜻이거든요. 승자와 패자가 결정되면 둘 다 더 이상의 공격은 하지 않아요. 싸움을 걸어봤자 얻을 수 있는 것도 없고 잘못하면 다칠 수도 있으니까요.

그러나 만약 싸움이 끊이지 않는 다묘 가정이 있다면 그 원인이 무엇인지 파악해야 하는데요. 대부분 한정된 공간으로 인해 서로의 영역이 겹치면서 받는 스트레스 때문일 가능성이 큽니다. 이럴 땐 캣타워와 같은 지형물을 여러 곳에 설치해주거나 방을 분리해 각자의 독립된 공간을 만들어 주는 게 좋아요.

냥냥이 짤막상식 — 고양이들이 싸우는 이유

- 자신의 영역에 다른 고양이가 들어왔을 경우 침입자로 여겨 싸움이 벌어져요.
- 다묘 가정이라면 주변 환경에 변화가 생길 경우 스트레스로 예민해진 고양이들끼리 싸움이 날 수 있어요.
- 발정기에 한 마리의 암컷을 차지하기 위해 수컷들끼리 경쟁하는 과정에서 싸움이 일어나요.
- 다른 곳에서 낯선 냄새를 묻히고 돌아온 고양이에 대해 경계하다가 싸움이 벌어질 수 있어요.

고양이들의 비밀스러운 모임

단독생활을 하는 것으로 알려진 길고양이들에게는 이해할 수 없는 기이한 모습이 하나 있습니다. 바로 어느 날 한밤중에 특정 장소로 모여드는 것인데요. 그 규모와 장소는 매번 다르지만 항상 제각기 간격을 두고 앉아서 그저 조용히 있다가 시간이 지나면 하나둘 사라진다고 해요.

많은 전문가가 이러한 모임을 하는 이유에 대해 관심을 가졌지만 특정한 행동을 하거나 소리를 내는 것도 아니어서 여전히 미스터리로 남아 있다네요.

다만 추측하기로는 영역은 나뉘어 있지만 가깝게 살고 있는 고양이들끼리 종종 서로의 얼굴을 확인하거나 정보를 공유하기 위함이 아닐까 한다는데요. 미리 약속한 것도 아닐 텐데 알아서 모이는 걸 보면 무리 지어 살지는 않아도 언제든 주고받을 수 있는 고양이들만의 네트워크 같은 게 있나 봐요.

냥냥이 짤막상식 — 고양이는 죽을 때가 되면 사라진다?

고양이에 관한 속설 중에는 죽음을 앞두면 홀연히 사라진다는 말이 있습니다. 실제로 밖에서 돌봐주던 고양이가 며칠간 보이지 않다가 외진 곳에서 죽은 채로 발견되었다는 얘기들도 있는데요. 하지만 이는 사실이 아닙니다. 즉 자신이 죽을 것을 알고 사라진 것이 아니라 갑작스럽게 뜻하지 않은 곳에서 사고를 당했거나 다른 고양이와 영역 싸움에서 패배한 뒤 돌아가지 못하고 죽은 경우가 대부분이라고 해요. 혹여 몸에 큰 이상이 생겨 죽을 수도 있는 상황이라면 약해진 상태에서 쉽게 공격당할 수 있기 때문에 몸을 숨길 수 있는 안전한 곳으로 이동하는 것입니다. 죽음을 준비하거나 숨기려는 게 아니에요.

알려다옹

고양이의 종류 : 단모종편

샴(Siamese)

본래 태국이 고향인 샴은 보통 크림색의 털에 얼굴과 발, 꼬리 부분만 짙은 갈색인 것이 특징인 고양이로, 친화력이 좋고 수다스러우며 관심받는 것을 좋아해 늘 집사의 곁을 떠나지 않는다고 합니다. 호리호리하고 늘씬한 체형에 푸른색을 띠는 아름다운 눈이 매력이에요.

러시안 블루(Russian Blue)

몸 전체가 푸른빛의 회색 털인 러시안 블루는 낯가림이 있는 편이지만 기본적으로 얌전하고 다정한 성격을 가지고 있어 고양이를 처음 키우는 집사들에게 적합해요.

아비시니안(Abyssinian)

날씬한 체형에 움직임이 우아한 아비시니안은 일반적으로 오렌지빛의 갈색 털을 가졌으며 이마의 M자 무늬와 마치 아이라인을 그린 것 같은 눈이 특징입니다. 높은 곳을 좋아하며 활동적인 성격을 가졌고, 영리하며 집사를 잘 따른다고 해요.

도메스틱 숏헤어(Domestic Short Hair)

도메스틱 숏헤어는 일명 코리안 숏헤어라 불리는 한국의 토종 고양이를 말하는데요. 유전적으로 뚜렷한 특징이 없어 정식 품종묘로 인정받진 못했지만 한국에서 가장 많이 기르는 것으로 알려졌으며, 고등어 태비, 치즈 태비, 턱시도, 삼색, 젖소, 카오스 등 색과 무늬에 따라 종류가 무척 다양합니다.

스코티시 폴드(Scottish Fold)

스코틀랜드에서 처음 발생하여 스코티시 폴드라는 이름으로 불리며 짧고 통통한 체형과 접힌 귀를 가진 귀여운 외모로 인기가 많습니다. 그러나 유전적으로 연골 이형성증을 갖고 태어나기 때문에 건강한 품종이라 할 수는 없으며, 따라서 늘 꾸준한 관리가 필요합니다.

먼치킨(Munchkin)

돌연변이로 탄생한 먼치킨 종은 긴 몸통에 비해 네 다리가 모두 짧은 것이 특징입니다. 다리는 짧지만 운동신경은 좋은 편이며, 일반적으로 호기심이 많고 다정한 성격을 지녔어요.

다 나름대로 이유가 있어

마음에 안 들어서 그랬어요

　다양한 환경의 화장실을 준비해 고양이의 선호도를 알아봤더니 역시나 깨끗할수록 더 좋아하는 것으로 나타났는데요. 따라서 고양이는 화장실이 너무 지저분하거나 모래가 안 맞는 등 뭔가가 마음에 들지 않으면 다른 곳에 볼일을 보기도 한다고 해요. 다묘 가정의 경우 화장실의 개수가 부족한 게 원인이 될 수도 있죠.

　화장실에서 제대로 배변할 수 있도록 하기 위해선 먼저 고양이가 원하는 환경으로 바꿔줘야 합니다. 항상 깨끗하게 관리하는 것은 기본이고, 화장실의 크기도 고양이가 안에서 몸을 충분히 움직일 수 있을 정도여야 하며, 덮개의 유무나 모래의 종류 등 반려묘가 선호하는 형태로 만들어 주는 것이죠. 이와 더불어 화장실의 위치도 중요한데요. 고양이는 옛날부터 자기 영역의 중심에서 벗어난 곳에 볼일을 보는 습성이 있기 때문에 집 안에서도 마찬가지로 주로 지내는 장소에서 떨어진 곳에 화장실을 놓아야 해요. 밥그릇과 가까운 곳도 좋지 않답니다.

　환경이 제대로 갖춰졌다면 배설물을 화장실로 옮겨 두어 낯설어하지 않고 곧바로 적응할 수 있도록 해주세요. 문제가 하나둘 해결될수록 베테랑 집사에 한 걸음 더 가까워지는 게 느껴지지 않나요?

귀신이라도 보는 거냐고요?

가끔 고양이가 아무도 없는 허공을 쳐다보면서 집중하고 있을 때면 혹시 귀신이라도 보는 걸까 싶어 오싹해지곤 하는데요. 이때 사실 고양이는 소리에 집중하고 있는 걸지도 모릅니다.

앞서 말했듯이 고양이의 청력은 사람에게는 안 들리는 음역까지 들을 수 있을 정도로 그 범위가 넓어요. 게다가 귓바퀴에는 소리의 진동을 감지하고 증폭시키는 기능이 있을 뿐만 아니라 최대 180도까지 움직일 수 있어서 소리가 나는 곳을 정확하게 포착하기 때문에 마치 보이는 것처럼 소리를 따라간다고 해요. 이처럼 소리에 집중하고 있으니 눈은 허공을 볼 수밖에요.

그게 아니라면 공기 중에 떠다니는 먼지를 보고 있는 걸 수도 있죠. 고양이는 움직이는 물체를 보는 능력이 뛰어나거든요. 무슨 이유든 귀신은 아닐 테니 무서워하지 않아도 된답니다.

양치질은 주기적으로

고양이는 잇몸이나 치아를 비롯한 입안에 질환이 잘 발생하기 때문에 새끼일 때부터 이를 닦는 습관을 들여주는 것이 좋은데요. 이때 치약은 반드시 고양이가 먹어도 문제없는 고양이 전용 치약을 사용해야 하며, 반려묘의 치아 상태에 맞는 모양의 칫솔을 선택합니다. 다만 처음부터 칫솔을 가지고 무리하게 이를 닦으려고 하면 고양이가 양치질에 거부감을 느끼게 되므로 일단 손가락을 이용해 치아와 잇몸에 닿는 자극에 익숙해지도록 해주세요.

고개를 갸웃거리는 이유

사람도 무언가를 생각하느라 집중할 때 고개를 갸웃거리곤 하듯이 고양이도 낯선 소리나 물체를 맞닥뜨리면 집중하기 위해 고개를 갸웃하는데요. 뛰어난 청력으로 소리의 정체나 정확한 위치를 파악하거나, 가까운 물체는 잘 안 보이니 대상과의 거리를 대충 가늠하기 위함일 거예요. 여러 가지 정보를 종합해 상황을 파악하려는 거죠.

고개를 갸웃거리는 반려묘가 귀여워서 간식을 줬던 일이 있었다면 고개를 갸웃거리면 뭔가 좋은 일이 있을 거라고 기억해 뒀다가 일부러 갸웃거리는 경우도 있습니다. 만약 고양이끼리 마주 보고 고개를 갸웃거린다면 인사하는 중일 수도 있다네요.

잘 모르는 것을 봤을 때 확인하려는 동작이야.

냥냥이 잡학상식 — 고양이가 아프다는 신호 5가지

반려묘의 몸에 이상이 있다면 집사의 주기적인 관찰과 체크를 통해 최대한 빠르게 발견되어야 합니다. 고양이는 아파도 티를 내지 않을 뿐만 아니라 잘 숨기는 동물이기 때문이죠. 따라서 만약 다음과 같은 증상이 반복되면 병원에 데려가 검사를 받는 것이 좋겠습니다.

- 잦은 구토나 설사
- 지속적으로 눈곱이 끼거나 눈물을 흘림
- 식욕이 없어지고 무기력해짐
- 입냄새가 심하게 나고 침을 흘림
- 불안정한 호흡

내 꼬리가 어때서

고양이의 꼬리는 일반적으로 길고 곧은 형태이지만 그중에는 유난히 짧거나 끝이 굽은, 혹은 꼬리가 아예 없는 경우가 있는데요. 이러한 꼬리를 가지게 되는 이유는 뱃속에 있을 때 어미로부터 충분한 영양분을 공급받지 못했거나 사고를 당한 경우, 혹은 근친교배로 인한 기형 등일 가능성이 있지만 대부분은 짧거나 굽은 꼬리를 갖게 하는 돌연변이 유전자의 영향이라고 해요.

이러한 꼬리를 가진 대표적인 품종으로 '꼬리가 잘린'이라는 뜻의 밥테일(Bobtail)과 토끼 고양이라 불리는 맹크스(Manx)를 들 수 있는데요. 짧은 꼬리를 가진 밥테일종은 일본에서 유래한 재패니즈 밥테일(Japanese Bobtail)이 아시아에 널리 분포하여 우리나라에서도 흔히 볼 수 있고, 꼬리가 없는 고양이로 유명한 맹크스종은 뒷다리가 앞다리보다 길어서 토끼처럼 뛰듯이 걷는 모습이 특징이라고 합니다.

참고로 맹크스종의 경우 꼬리가 없다고 알려졌지만 실제로 정상적인 꼬리를 가졌거나 짧은 꼬리를 가진 개체도 존재하며, 꼬리가 없는 맹크스들 사이에서 태어난 새끼는 치명적인 유전자의 결합으로 치사율이 높은 맹크스 증후군을 앓을 가능성이 있어 주의해야 한다네요.

자면서 몸을 움찔거리는 이유

잠든 고양이가 몸을 움찔거리거나 다리를 휘젓는 등의 잠꼬대 같은 행동을 할 때가 있죠. 실제로 고양이는 자면서 꿈을 꿀까요?

이에 대한 연구결과에 따르면 고양이는 자면서 사람과 마찬가지로 몸은 잠들었지만 뇌는 깨어 있어 안구가 움직이면서 꿈을 꾸는 렘수면(REM sleep)과 뇌가 활동을 멈추는 깊은 잠인 비렘수면(non-REM sleep)을 반복한다고 합니다. 게다가 자고 있는 고양이의 뇌파가 사람이 꿈을 꾸고 있을 때와 비슷하다고 하니 고양이도 꿈을 꾼다고 추정하고 있죠.

한 전문가는 고양이가 꿈속에서 쥐를 쫓고 있을 거라고 하는데, 무슨 꿈을 꾸는지 정확히 알 수 없겠지만 부디 악몽만은 아니길 바라요.

냥냥이 짤막상식 — 고양이의 다양한 잠자리 자세

배가 보이지 않도록 웅크린 채로 네발을 땅에 대고 있거나 머리를 발 위에 올려놓고 자는 경우, 이는 작은 기척에도 바로 반응해서 도망갈 수 있는 자세로 경계심이 강한 상태라고 할 수 있습니다. 또한 일명 '식빵 굽는 자세'라고 해서 엎드린 상태에서 네발을 몸 아래에 집어넣고 잔다면 이 장소가 자신의 영역이라 생각하고 안심은 하지만 그렇다고 완전히 경계를 늦춘 건 아니라는 뜻이에요. 하지만 고양이가 경계심을 완전히 풀고 편안한 상태라면 배를 완전히 드러내고 팔다리는 뻗은 채로 잠에 든답니다.

고양이 전용 음악을 아시나요

고양이도 특정 음악에 반응을 보이는지 알아보기 위해 고양이들을 세 그룹으로 나눈 뒤 첫 번째 그룹에게는 클래식을, 두 번째 그룹에게는 고양이 음악이라고 알려진 특정 멜로디를, 마지막으로 세 번째 그룹에게는 아무 음악도 들려주지 않은 상태에서 각 고양이의 스트레스를 측정했습니다. 그 결과 고양이 음악을 들려준 그룹이 다른 그룹에 비해 낮은 스트레스 수치를 기록했다고 해요.

고양이 음악이란 고양이의 맥박수와 같은 빠르기에 고양이의 목소리와 비슷한 음역대의 소리로 만든 것을 말하는데요. 실제로 낯선 환경에 노출된 고양이에게 고양이 전용 음악을 들려주면 긴장을 완화해 줄 수 있다고 하네요. 음악의 효과가 고양이에게도 예외는 아니었나 봐요.

고양이 울음소리의 종류

- 🐾 **인간에게 자신의 의사를 전달하기 위한 경우**: 고양이가 인간에게 자신의 의사를 전달하기 위해 내는 소리로 주로 관심이 필요하거나 배고플 때, 혹은 불만이 있을 때 "야옹"하고 웁니다.
- 🐾 **행복한 기분을 표현하거나 자가 치유가 필요한 경우**: 고양이들은 기분이 좋을 때 낮은음으로 그르렁대는 소리를 내는데요. 이 소리는 몸이 아프거나 상처를 입었을 때 스스로 회복을 돕기 위해 낸다고도 알려져 있습니다.
- 🐾 **먹잇감을 발견한 경우**: 고양이는 먹잇감을 발견했을 때 마치 깍깍대는 듯한 독특한 소리를 내는데, 이를 채터링(Chattering)이라고 합니다.
- 🐾 **겁을 먹었거나 공격하려는 경우**: 귀를 뾰족하게 세우고 잔뜩 화난 표정으로 입을 벌려 마치 숨을 뱉듯이 하악하는 소리를 냅니다.

고양이 세계에도 따돌림은 존재한다

고양이들 사이에 왕따가 생기는 일은 보통 한정된 공간에서 여러 마리의 고양이를 키우는 다묘 가정에서 많이 일어나는데요. 고양이들의 행동을 관찰하다 보면 유독 특정 고양이를 괴롭히는 듯한 모습을 볼 수 있어요. 예를 들어 밥을 먹으려 할 때마다 방해하여 못 먹게 한다든지, 여럿에서 집요하게 쫓아다니면서 구석으로 몬다든지 하는 것들이죠.

왕따가 생기는 이유에 대해서는 여러 가지가 있는데, 먼저 영역 동물인 고양이에게 제한된 공간과 여러 마리의 고양이들은 스트레스를 유발할 수 있습니다. 그리고 쌓인 스트레스를 마땅히 풀지 못하면 그 화살이 다른 고양이에게로 향하는 것이죠.

또 고양이들 사이에 나뉜 서열 관계에 따라 낮은 서열의 약한 고양이가 왕따의 표적이 되기도 해요. 자꾸 뒤처지는 모습을 보이거나 하면 같은 무리의 일원으로 인정해주려 하지 않으면서 괴롭힘이 시작되는 거죠.

그 밖에도 집사를 비롯해 특정 대상을 서로 차지하고 싶어 다투다가 따돌림을 당하게 되기도 하는데요. 하나하나 살펴보면 결국 인간 사회에서 왕따가 일어나는 이유와 별반 다르지 않다는 사실이 씁쓸함을 불러오기도 합니다.

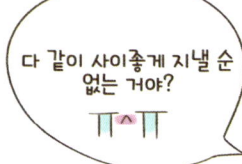

방금 청소한 화장실에 볼일을 보는 이유

이제 막 청소를 끝낸 화장실에 뿌듯함을 느낄 새도 없이 바로 들어가 볼일을 보는 반려묘. 청소가 끝날 때까지 참고 있던 건가 싶지만 고양이가 방금 청소한 화장실에 곧바로 들어가는 이유는 이뿐만이 아니라고 해요.

고양이는 자신의 배설물을 통해 흔적을 남깁니다. 즉 자신의 존재와 함께 이곳이 자신의 영역임을 알리는 건데요. 따라서 자신의 체취가 가득한 화장실도 자신의 영역으로 인식하고 있다고 볼 수 있겠죠. 그런데 화장실을 청소하면 모든 게 사라져버려 일종의 새로운 공간이 되기 때문에 얼른 다시 자신의 흔적을 남겨 표시하고 싶은 거예요.

물론 단순히 깨끗한 화장실을 좋아하는 것일 수도 있어요. 이럴 땐 아무래도 화장실을 최대한 자주 청소해주는 게 좋겠죠.

냥냥이 짤막 상식 — 고양이도 변비에 걸린다

고양이들은 하루에 한 번 이상 배변 활동을 하는데, 만약 이틀이 지나도 변을 보지 않는다면 변비에 걸렸을 확률이 높습니다. 고양이가 변비에 걸리는 이유는 기본적으로 몸 안에 수분과 식이섬유가 부족하기 때문인데요. 특히 집고양이들은 딱딱한 건식 사료를 주로 먹기 때문에 수분이 부족한 상태가 되기 쉬워요. 이외에도 이물질을 섭취했거나 비만 또는 노화, 각종 질병, 스트레스가 원인이 되어 변비가 나타나기도 하죠. 화장실이 더럽거나 마음에 들지 않아 참고 있는 것일 수도 있고요. 따라서 변비 증상을 완화시키기 위해서는 물을 충분히 섭취할 수 있도록 하거나 유산균을 급여하는 등 그 원인을 찾아 해결해주어야 합니다.

싫어서 그런 게 아니야

방금 쓰다듬은 곳을 혀로 핥는 반려묘를 보며 혹시 내 손이 더럽거나 기분 나쁘다고 생각하는 걸까 하고 침울해하는 집사들이 있다면 너무 걱정하지 마세요. 고양이는 집사가 쓰다듬는 행동을 그루밍이라 생각하고 자신도 같이 그루밍하려는 것뿐이거든요. 게다가 오히려 집사를 좋아하고 친밀한 관계로 여기기 때문에 나오는 행동이라고 해요.

한편으로는 더 쓰다듬어 달라는 의미일 수도 있는데요. 엉덩이 같은 부분은 특히 혼자서 그루밍하기 힘들기 때문에 그쪽을 쓰다듬을 때 혀로 핥으려 하면 대신 그루밍 좀 해달라는 뜻이라고 합니다.

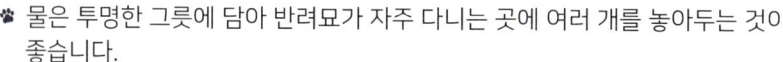

반려묘가 물을 잘 마시지 않는다면

- 물은 투명한 그릇에 담아 반려묘가 자주 다니는 곳에 여러 개를 놓아두는 것이 좋습니다.
- 조금이라도 더러워진 물은 마시지 않으므로 자주 갈아주어야 합니다.
- 물의 온도나 종류 등 고양이마다 선호하는 물이 다르므로 반려묘의 취향을 파악해야 합니다.
- 수분이 함유된 습식 사료로 바꾸거나 건식 사료에 물을 조금씩 부어 줍니다.

빨래 위에 올라가는 건 말이죠

반려묘를 키우는 집사에겐 하루하루가 털과의 전쟁입니다. 털이 묻은 옷가지들을 세탁하는 것도 일이죠. 하지만 고양이들은 이러한 집사의 사정 같은 건 알 바 아니라는 듯이 갓 개어 놓은 빨래 위를 곧바로 점령해 버립니다. 널어둔 빨래에는 낯선 냄새가 가득하거든요. 그 냄새가 흥미롭기도 하고 또 자신의 냄새를 새로 묻혀야 하니 올라가는 거예요.

혹은 좁은 공간을 좋아하는 특성 때문일 수도 있는데요. 이는 바닥과 빨래 사이를 경계 짓고 빨래 위를 별개의 공간으로 인식하고 있다는 뜻이죠. 보통 개어 놓은 옷가지들은 고양이의 몸과 비슷한 크기이니 그 위에 올라가면 상자 안처럼 편안함을 느끼는 게 아닐까요. 집사의 좌절한 모습은 뒤로 한 채로요.

냥냥이 짤막 상식 — 고양이도 미용이 필요할까?

일반적으로 고양이에게 미용은 필요하지 않습니다. 일단 고양이 스스로 하루도 거르지 않고 그루밍하면서 털을 고르기도 하고, 그루밍만으로 부족하다면 집사가 주기적으로 빗질을 해주면 되거든요. 하지만 그렇다고 미용이 필요한 경우가 없는 것은 아닙니다. 털의 엉킨 정도가 심하거나 헤어볼을 너무 자주 토할 때, 또는 피부병을 앓거나 털이 길어 불편함을 겪는 일부 장모종 고양이들은 미용을 선택하게 되는데요. 이때 미용하는 과정에서 많은 스트레스를 받을 수 있기 때문에 마취를 한 후에 미용하거나 집사가 직접 밀어주는 셀프 미용 등의 방법들이 있다고 합니다.

반대가 끌리는 이유

개와 고양이는 기본적으로 종이 다를 뿐만 아니라 습성과 성향 또한 정반대라 어쩐지 친해지기가 쉽지 않아 보입니다. 게다가 만나기만 하면 서로 으르렁대고 싸울 것 같은 앙숙 관계의 이미지가 강한데요.

그러나 실제로 이스라엘의 한 대학에서 개와 고양이를 함께 키우는 집들을 조사한 결과 의외의 사실이 밝혀졌습니다. 개와 고양이의 사이가 좋았던 경우가 60% 이상이었던 거죠.

사실 그들에게 자신들과 다른 존재와 함께 살아가는 건 처음 있는 일이 아니에요. 이미 오래전부터 인간의 영역에 들어와 인간과 소통하고 있었으니까요. 그러니 정반대의 성격을 지녔더라도 개는 고양이가 소통하는 방법을, 고양이는 개가 소통하는 방법을 이해하고 받아들이려 하기 때문에 사이좋게 지낼 수 있었던 겁니다.

다만 원만하게 어울리도록 하기 위해서는 새끼일 때부터 함께 키우는 것이 좋으며, 한 공간에서 키우더라도 각자의 습성에 맞는 환경을 따로 만들어주어야 한답니다. 또한 개와 고양이의 사이가 나쁜 경우도 분명히 있으니 합사는 언제나 신중히 결정해야 한다는 점 잊지 마세요.

속일 생각은 안 하는 게 좋아요

　식탐이 너무 많은 반려묘와 사는 집사는 간식을 몰래 숨겨놓는 게 일이죠. 얼마 지나지 않아 찾아내는 덕분에 늘 실패로 돌아가지만요. 고양이는 숨겨둔 걸 찾아내는 특별한 능력이라도 있는 걸까요?

　최근 발표된 연구에 따르면 70%의 고양이가 집사의 시선만으로 숨겨둔 음식을 발견해 냈다고 합니다. 먹을 것을 숨겨둔 장소가 신경 쓰여 흘깃 보면 많은 고양이가 저기에 무언가가 있다고 알아챈다는 거죠. 이외에도 뛰어난 청각을 이용해 보고 있지 않더라도 그 소리를 통해 숨겨둔 위치를 찾아낸다고 해요.

　참고로 한 녀석이 알아채면 다른 녀석도 아는 것처럼 보이는 건 알아챈 고양이가 그 위치를 빤히 보거나 평소와 다른 행동을 함으로써 다른 고양이도 저곳에 무언가가 있다고 느끼기 때문이라고 합니다.

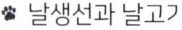 **고양이에게 절대 주지 말아야 하는 음식**

- 날생선과 날고기
- 사람이 먹는 우유, 참치캔, 계란 흰자
- 양파, 마늘, 파, 부추
- 초콜릿이나 커피
- 포도

고양이에게 외로움이란

조사에 따르면 친구를 떠나보낸 고양이의 46%가 배설 실수를 했다고 합니다. 이외에도 자주 울거나 식사량이 줄고, 친구 고양이가 자주 있던 곳 주변을 배회하는 등 이별을 슬퍼하고 그 빈자리를 느끼는 듯한 반응을 보였다고 해요.

게다가 강한 유대관계를 형성하고 있는 상대와 떨어지면 정서적으로 불안해지는 분리불안도 개에게서만 나타난다고 알고 있는 경우가 많지만 고양이도 마찬가지로 이러한 증상을 겪는다고 하죠.

예전부터 고양이는 단독생활을 하기 때문에 외로워하지 않으므로 혼자 두어도 괜찮은 동물이라 여겨지고 있는데요. 위와 같은 사실들을 보면 꼭 그렇지만은 않은 것 같습니다. 아무리 혼자가 익숙하더라도 오랜 시간을 함께한 누군가가 사라지면 그 빈자리는 느껴질 수밖에 없기 마련이니까요.

이 공허함은 멀까옹..

냥냥이꿀마상식   고양이의 우울증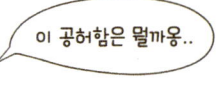

반려묘가 어느 날 갑자기 무기력한 상태로 밥도 잘 먹지 않고 장난감에도 반응하지 않으며, 잠만 자려 하거나 모습을 드러내지 않는다면 우울증이 찾아온 것일지도 모르는데요. 고양이의 우울증은 먼저 집사가 장시간 집을 비우거나 함께 살던 고양이가 떠나는 등 혼자 남겨져 있는 시간이 늘어나면서 발생할 수 있어요. 또한 주변 환경이 변하거나 고양이를 비롯해 새로운 동물이 들어 온 경우 극심한 스트레스로 인해 발생할 수도 있죠. 이외에도 오랫동안 몸이 아픈 상태에서도 우울증이 찾아올 수 있답니다. 만약 반려묘가 우울증에 걸렸다면 계속해서 말을 걸어주거나 쓰다듬어주면서 함께 있는 시간을 늘리고 햇볕을 자주 쐬게끔 해주세요.

장난감에 반응하지 않는 이유

집고양이는 개들처럼 산책을 나가지 않는 대신 집사와 사냥놀이를 합니다. 사냥은 먹이를 얻기 위한 본능적인 행동이므로 이를 충족시켜주는 사냥놀이는 집 안에서만 생활하는 고양이의 스트레스 해소를 위해서도 필수적이죠. 그런데 때로는 장난감을 갖고 와도 영 시큰둥할 때가 있는데요. 그 이유는 뭘까요?

우선 장난감이 마음에 안 들거나 똑같은 것만 계속 사용해 지겨워졌기 때문일 수 있어요. 고양이도 각자 취향이 다를뿐더러 무엇보다 호기심을 자극하는 게 중요하거든요. 그래서 또 한편으로는 장난감을 실제 먹잇감처럼 움직여줘야 훨씬 적극적으로 놀이에 임할 수 있답니다.

만약 장난감의 문제가 아니라면 단순히 고양이가 배부른 상태이기 때문일 수도 있어요. 사냥이란 먹이를 잡아먹는 것이 목적이니 배가 부르면 사냥하려는 욕구가 약해질 수밖에 없는 것이죠. 따라서 사냥놀이를 하기 전에는 밥을 평상시보다 적게 주었다가 놀이가 끝난 후에 간식을 주는 것이 좋아요.

새끼는 우대해드립니다

고양이의 세계에서는 새끼 고양이가 우선적으로 먹이를 먹도록 한다고 합니다. 그리고 나서 성묘인 암컷, 수컷 순으로 식사가 이루어지는데요. 이처럼 성묘들은 꼭 부모가 아니더라도 새끼 고양이에게 관대한 면이 있다고 해요.

사실 어느 정도 가깝게 지내는 고양이들은 나름의 혈연관계로 이루어져 있어 완전히 남이라 할 수는 없을 거예요. 따라서 어쨌든 가족이니 부모 대신 새끼를 보살펴주겠다는 생각인 걸지도 모르죠. 혹은 종족을 유지하기 위한 본능일 수도 있고요.

냥냥이 꿀맛상식 — 중성화의 필요성

누군가는 이를 고양이의 자연스러운 본능을 억압하는 것으로 생각할 수 있지만 중성화는 오히려 고양이가 덜 고통스럽고 더 건강하게 살 수 있는 방법이랍니다.

- 암컷의 경우: 주기적으로 찾아오는 발정으로 인한 스트레스와 수컷을 부르기 위해 울어대는 것을 막아주고, 유방암과 자궁축농증의 발생 위험이 줄어들며, 발정 시 수컷들이 모여들면서 서로 싸울 일을 없앱니다.
- 수컷의 경우: 공격적이 되거나 암컷을 찾기 위해 밖으로 나돌려는 행동, 잦은 스프레이를 막을 수 있고, 다른 수컷들과 싸우다가 상처를 입거나 감염병에 걸릴 위험을 없앱니다.

고양이의 귀소 본능

일반적으로 고양이는 한번 집을 나가면 돌아오지 않는다고 알려져 있습니다. 물론 드물지만 수개월 후에 다시 돌아왔다는 경우도 있고 먼 거리를 달려 집을 찾아온 감동적인 사연도 존재하죠. 한편으로 마당냥이로 살면서 자유롭게 드나드는 고양이들도 있는 걸 보면 고양이에게도 귀소 본능이 있는 걸까요?

이에 대해 전문가들은 다양한 의견들을 내놓고 있는데요. 그중에는 집에 있을 때 시간에 따른 태양의 위치를 인지해 두었다가 밖에서 집으로 돌아가려 할 때 집에서 보던 태양의 위치를 떠올려 길을 찾아낸다는 주장과 고양이의 몸 안에 마치 자석과 같은 역할을 하는 무언가가 있어서 자기장을 따라 집으로 돌아온다는 주장이 있다고 해요.

하지만 고양이는 대부분 돌아오기 힘들다는 사실을 잊어선 안 됩니다. 한번 자신의 영역을 벗어나 버리면 그대로 길을 잃어버리고 말기 때문이죠. 더욱이 집고양이라면 바깥세상에 대해 무지할 뿐만 아니라 낯선 것들로 가득하기 때문에 두려움에 그만 꼭꼭 숨어버리고 말아요. 따라서 반려묘는 되도록 실내에서만 키우고, 실수로라도 나가는 일이 없도록 여러 장치를 마련해 놓는 것이 좋답니다.

화장실 가장자리에 발을 올리는 이유

고양이가 화장실 가장자리에 발을 올리고 볼일을 본다면 현재 화장실의 무언가가 맞지 않아서일 가능성이 큰데요. 첫 번째로 화장실이 고양이에게 너무 작을 수 있어요. 엉덩이가 가장자리에 닿아서 어쩔 수 없이 발을 뺄 공간을 확보하려는 것이죠. 두 번째로 발바닥에 닿는 모래의 감촉이 싫은 것일 수 있어요. 이럴 땐 여러 제품을 비교해 고양이가 가장 마음에 들어 하는 모래를 찾아줘야 해요. 마지막으로 화장실이 있는 곳이 안전하다고 느끼지 않아 볼일을 보면서 주변을 보기 위함일 수 있습니다. 안심이 되지 않으니 상황 변화를 알아채기 쉽도록 발을 올리고 머리를 높이 드는 거예요. 유능한 집사가 되려면 반려묘에게 쾌적한 화장실 환경을 만들어주는 건 기본이겠죠?

냥냥이 짤막상식 - 화장실 모래에는 어떤 것들이 있을까

- **벤토나이트**: 실제 모래와 질감이 비슷해서 고양이들이 사용하기 좋고, 흡수력이 뛰어나서 잘 굳기 때문에 청소하기 편하다는 장점이 있는 반면 먼지가 잘 발생하고 온 집안에 날리는 사막화가 일어나기 쉽다는 단점이 있어요.
- **실리카겔**: 흡수력이 뛰어나 청소하기가 쉽고 입자가 무거워 사막화가 적다는 장점이 있습니다. 하지만 탈취력이 약하고 모래와 달라서 고양이들이 거부감을 느낄 수 있어요.
- **두부모래**: 자연 친화적인 모래로 먼지와 사막화가 많이 일어나지 않고 변기통에 버릴 수 있다는 장점이 있으나 응고력과 탈취력이 약하고 모래와 달라 거부감을 느낄 수 있으며 값이 비싸다는 단점이 있어요.
- **우드 펠렛**: 값이 저렴하고 먼지와 사막화 발생이 적으며 천연 재료라 안전하다는 장점이 있습니다. 하지만 냄새가 많이 나고 잘 부스러지기 때문에 거름망과 함께 써야 하며 입자가 커서 거부감을 느낄 수 있어요.

위험한 동거

　가끔 고양이가 같이 기르는 햄스터나 새와 친하게 지내는 사연이 소개되면 내 반려묘도 그럴 수 있지 않을까 하는 생각을 가지게 되는 집사들이 많겠지만 무턱대고 고양이를 햄스터나 새와 만나게 해선 절대 안 됩니다. 물론 새끼일 때부터 함께 키우면 동료로 인식해 공격하지 않았다는 실험 결과가 있기는 하지만 이는 극히 드문 경우일 뿐이에요.

　아무리 얌전한 고양이라도 사냥하려는 본능은 결코 숨길 수 없죠. 게다가 햄스터 같은 쥐나 새는 고양이의 주 먹잇감이기 때문에 본능을 깨우고 공격성을 드러내기가 더욱 쉬워요. 하지만 그럼에도 두 동물을 같이 키울 수밖에 없다면 반드시 방을 나눠 철저하게 분리해야 합니다. 모습이 보이거나 냄새만 맡아도 양쪽 모두 스트레스를 받을 수 있기 때문인데요. 특히 고양이는 청력이나 후각 등이 워낙 뛰어나서 제대로 분리하지 않으면 상대의 존재를 금방 알아채 버리기 십상이에요. 이미 알아버린 상태라면 숨긴다고 해도 사냥 욕구를 자극하는 것뿐이니 처음부터 알 수 없도록 각별히 주의해야겠습니다.

눈을 가리고 자는 이유

우리는 인터넷을 통해 자신의 반려묘가 마치 절을 하는 듯한 자세로 웅크리거나 눈을 가린 상태로 자는 모습이 귀엽다고 찍어 올린 사진들을 종종 보곤 하는데요.

하지만 고양이가 이런 자세로 자고 있다면 일단은 주위가 너무 밝진 않은지 확인해야 합니다. 고양이의 눈은 사람보다 6배 정도 더 예민하기 때문에 형광등과 같은 인공조명 아래서 잠들기엔 너무 눈부실 수 있거든요. 그저 귀엽다고 사진만 찍기보단 커튼을 쳐주거나 불을 꺼주는 배려가 필요한 순간일 거예요.

밝은 데서 잘 때 이렇게 하면 눈부시지 않아!

이외에도 코를 가려 체온을 유지하기 위함이거나 어둡고 아늑한 공간을 좋아하는 습성에서 나온 가장 안정감 있는 자세일 수도 있다고 하네요.

냥냥이 짤막상식

고양이도 감기에 걸린다

그 증상이 감기와 비슷해 고양이 감기라 불리는 허피스는 면역력이 약해진 고양이에게 발생하는 대표적인 질환 중 하나입니다. 보통 발열이나 재채기, 콧물이 일어나고 숨소리가 거칠어지거나 식욕과 함께 기운이 없어지기도 하며, 심하면 결막염이나 설사 및 구토 증상까지도 나타나죠. 허피스는 전염성이 강해서 다묘 가정의 경우 더욱 주의해야 하고, 특히 새끼나 노묘의 경우 면역력이 약한 상태이기 때문에 각별히 조심해야 한다고 해요. 또, 한 번 감염되면 완치가 불가능해서 컨디션이 나빠질 때마다 재발할 수 있으므로 매번 꾸준한 관리와 검사가 필요하답니다.

알려다옹
고양이의 종류 : 장모종편

페르시안(Persian)
가장 대표적인 장모종 고양이라 할 수 있는 페르시안은 풍성한 털과 고급스러운 외모를 자랑합니다. 실제 성격도 조용하고 온순한 편이며 활동량이 적어 아이가 있는 집에서 키우기 좋다고 해요. 다만 납작한 얼굴 탓에 눈물이 자주 고이며 유전적으로 나타날 수 있는 여러 질병에 주의해야 합니다.

랙돌(Ragdoll)
'봉제인형'이라는 뜻의 랙돌은 안아 올리면 그대로 축 늘어져서 붙여진 이름인데요. 일반적으로 크림색의 털에 부분적으로 짙은 색을 띠며 우아한 외모를 가진 미묘이기도 합니다. 느긋하고 순한 성격으로 친화력이 좋아요.

터키시 앙고라(Turkish Angora)
터키시 앙고라는 가늘고 부드러운 털을 가진 중장모종으로 하얀 털에 푸른 눈을 가진 모습으로 잘 알려져 있어요. 드물게 양쪽 눈의 색이 다른 오드아이가 태어나기도 하며 영리하고 호기심이 많으며 활발한 성격의 소유자랍니다.

노르웨이 숲(Norwegian Forest)

 노르웨이 숲은 추운 환경에서 생겨난 만큼 속털까지 빽빽하게 나 있으며 물에 잘 젖지 않고 튼튼한 몸을 가졌습니다. 호기심이 많고 영리하며, 사냥 솜씨가 좋고, 나무도 잘 탈 만큼 활동적이라고 합니다.

메인쿤(Maine Coon)

 메인쿤은 그 크기가 가장 큰 품종 중의 하나로 역시 추운 곳에서 왔기 때문에 풍성하고 빽빽한 털을 자랑하는데요. 다만 털들이 좀 더 불규칙하게 뻗어 있어 거친 느낌을 줍니다. 하지만 위엄있는 모습과 달리 성격은 순하고, 집사를 잘 따른다고 해요.

4

고양이에 관한 흥미로운 QnA

왜 다른 고양이의 행동을 따라 할까요?

고양이는 태어나 자라면서 어미를 통해 살아가는 데 필요한 것들을 배워요. 어미가 하는 행동을 보고 그대로 따라 하면서 말이죠. 이처럼 모방을 통해 학습이 가능한 고양이는 어미 이외에 다른 고양이가 하는 행동도 따라 하게 되는데요. 예를 들어 한집에 사는 다른 고양이가 집사에게 울면서 졸랐더니 간식을 얻었다면 자신도 덩달아 잘 울게 됩니다.

이처럼 고양이의 모방 행동은 가족 관계에서 일어나는 경우가 많지만 단순히 친한 사이에서도 생길 수 있어요. 심지어는 고양이가 아닌 다른 동물의 행동을 따라 하기도 해서 어미가 없는 새끼 고양이를 개가 데려다 키우면 개처럼 행동하게 된다네요. 또 고양이가 앞발로 문고리를 잡고 열려고 하는 것은 사람이 문을 여는 모습을 보고 학습한 것이라고도 합니다.

내 성장의 비결은 모방이다옹

냥냥이꿀팁상식 — 창밖을 하염없이 바라보는 이유

종일 창가에 앉아 바깥 구경하기 바쁜 반려묘를 보고 있으면 혹여 집안이 너무 답답해서 밖에 나가고 싶은 걸지도 모른다는 생각이 들 때가 있죠. 하지만 너무 걱정하지 마세요. 고양이가 창밖을 하염없이 바라보는 건 마치 우리가 TV를 보는 것과 같거든요. 고양이에게 창밖은 신기하고 흥미로운 것들 투성이 입니다. 새가 날아다니고, 벌레가 움직이고, 나뭇잎이 흔들리고, 사람을 비롯해 많은 동물이 지나다니죠. 그 모습을 구경하는 것만으로도 고양이에겐 한시도 지루할 틈이 없답니다. 물론 이외에도 자신의 영역에 누군가 침입하려는 건 아닌지 감사하거나 햇볕을 쐬기 위해 창가에 앉아 있는 경우도 있어요.

새끼에게 반드시 어미가 필요한 이유

새끼에게는 어미 고양이가 그 누구보다도 좋은 선생님입니다. 야생에서 고양이는 보통 생후 6개월이 지나면 독립을 하게 되는데, 그 안에 사냥하는 법을 비롯해 그루밍부터 사교를 위한 기술까지 살아가는 데 필요한 모든 것들을 어미에게서 배우기 때문이에요.

이와 관련해 버튼을 누르면 먹이가 나오는 장치로 한가지 실험을 했는데요. 먼저 어미 고양이에게 장치 사용법을 가르치고 어미가 먹이를 얻는 모습을 새끼가 지켜보게 합니다. 그러자 새끼 고양이는 평균 4~5일이면 장치를 사용할 수 있게 되었죠.

그러나 어미가 아닌 다른 암고양이가 장치를 쓰는 것을 지켜보게 하자 새끼 고양이가 사용방법을 습득하는 데는 평균 18일이 걸렸습니다. 누구에게서도 볼 기회를 얻지 못한 새끼는 끝까지 방법을 깨우치지 못했고요. 이 결과를 통해 알 수 있듯이 새끼에게는 가장 강한 유대를 가진 어미의 교육이 가장 효과적이랍니다.

고양이의 무늬는 어떻게 생기나요?

고양이의 털색과 무늬는 9가지 유전자의 다양한 조합으로 인해 결정되는데요. 예를 들어 털을 검게 만드는 유전자와 일부만 하얗게 만드는 유전자가 만나면 얼굴에 가르마 무늬를 가진 턱시도 고양이가 되는 식이죠. 이러한 유전자의 조합은 품종이나 어미 뱃속의 환경 등에 따라 달라지기 때문에 똑같은 유전자를 가지고 태어난 형제 고양이라도 전혀 다른 색깔과 무늬를 지니게 되는 것이랍니다.

고양이는 보통 털의 무늬에 따라 아무런 무늬 없이 한가지 색으로만 이루어진 경우와 특정한 무늬를 가진 경우, 그리고 신체 일부에만 짙은 색의 털을 가진 경우로 나뉘며 각각 솔리드(Solid), 패턴(Pattern), 포인트(Point)라고 부르는데요. 여기서 패턴은 다시 무늬의 모양에 따라 줄무늬를 뜻하는 태비(Tabby), 삼색 고양이 중에서도 카오스라 부르는 토터셀(Tortoise Shell), 젖소 무늬나 턱시도 같은 바이컬러(Bicolor) 등으로 나뉜다고 합니다.

참고로 등이 하얗고 배에 색깔이 있는 경우는 절대 만들어질 수 없는데, 고양이의 털 색깔은 기본적으로 네발로 선 상태로 위에서 물감을 떨어뜨리듯이 생기는 규칙이 있기 때문이라고 하네요.

고양이에게도 트라우마가 생길까요?

고양이는 좋지 않은 일에 대한 기억력이 뛰어난 편입니다. 심하면 그 기억이 평생을 가기도 하죠. 고양이에게 좋지 않은 일이란 대개 낯선 대상이나 환경을 맞닥뜨리는 것일 텐데요. 이때 극심한 두려움이나 공포를 느꼈다면 정신적인 트라우마로 남아 비슷한 상황이 왔을 때 당시의 기억을 떠올리곤 거부 반응을 일으키게 돼요. 예를 들어 병원에 갈 때마다 이동장을 꺼내 썼다면, '이동장이 보이면 나쁜 일이 일어난다'는 생각이 자리 잡아 이동장을 극도로 싫어하거나 거부하게 되는 거죠. 또 만약 이전 주인으로부터 학대를 당했다면 사람이 가까이 다가오기만 해도 그때의 기억이 떠올라 도망가거나 하악질을 하면서 손길을 피해버려요. 이외에도 고양이가 이유도 없이 화장실에서 볼일을 보지 않거나 밥을 먹지 않는다면 혹 트라우마와 관련이 있을지도 모릅니다.

고양이의 트라우마는 보통 안전한 상황에서 트라우마를 일으키는 자극에 조금씩 노출시켜 나쁜 일 같은 건 일어나지 않는다는 사실을 깨닫게 해줌으로써 극복하도록 도와줄 수 있다고 해요. 매번 곤란한 상황을 겪고 있는 집사라면 눈여겨봐야 할 것 같네요.

고양이도 많고 적음을 구분할 수 있나요?

고양이는 많고 적음을 구분할 수 있을까요? 해외의 실험에서 두 장의 카드에 검은색 펜으로 각각 다른 개수의 표식을 그려 넣은 뒤 더 많은 표식이 그려진 카드를 고르면 먹이를 받을 수 있다는 것을 교육했더니 수가 더 많은 쪽을 선택하는 경우가 많았다고 해요. 또 다른 실험에서도 두 개의 접시에 먹이의 양을 다르게 놓고 주었더니 더 많은 쪽 접시를 고를 때가 더 많았다고 하고요. 이러한 결과들을 통해 고양이는 양을 구분할 수 있는 능력이 있다고 추측해볼 수 있는데요.

다만 가끔 어미 고양이가 새끼 한 마리가 더 남았다는 사실을 잊어버리거나 하는 걸 보면 숫자를 세는 것에는 많이 약한 것 같습니다.

냥냥이 짤막상식

고양이도 봄을 탄다?

사람이 봄만 되면 나른해지면서 왠지 입맛이 없어지는 것처럼 고양이도 봄을 탄다고 하는데요. 고양이들의 먹이 소비량을 오랫동안 관찰한 결과 그 수치가 겨울에 가장 높았다가 봄이 되면서 확연히 줄어들었던 것이죠. 겨울에는 기온이 낮기 때문에 체온을 유지하려면 더 많은 에너지가 필요해집니다. 따라서 먹이 소비량이 증가하게 돼요. 그러다 봄이 되면서 날이 따뜻해지면 필요한 에너지의 양이 감소할 뿐만 아니라 계절이 바뀜에 따라 호르몬의 변화가 일어나 식욕이 줄어들게 되는 것이랍니다.

검은 고양이가 궁금해요

온몸이 까만 검은 고양이는 그늘이 많은 곳이나 어두운 밤에는 눈에 거의 띄지 않는 것이 특징입니다. 따라서 위험에 처할 일이 적기 때문에 경계심이 없고 붙임성도 좋은 편이라고 하는데요. 그래서인지 오히려 시골보다는 그늘도 많고 사람도 많은 도시에 주로 분포한다는 조사 결과가 있어요.

사실 서양에서 검은 고양이는 옛날부터 마주치면 재수가 없다는 등 여러 불행의 징조로 여겨져 모진 대우를 받곤 했어요. 그리고 이러한 인식이 현재까지도 이어져 전 세계적으로 입양률은 가장 낮고 안락사율은 가장 높다고 하죠. 하지만 이는 전부 근거 없는 소문일 뿐 검은 고양이는 다른 고양이들이나 낯선 사람에게도 스스럼없이 다가올 정도로 친화력이 좋으며 응석 많고 영리한 아이랍니다.

참고로 미국에서는 검은 고양이의 부정적인 이미지를 개선하기 위해 일 년에 두 번 검은 고양이의 날을 만들었다고 하는데요. 모두에게 검은색의 털이 더 이상 불행이나 죽음의 상징이 아닌 사랑스러운 매력으로 받아들여지는 날이 하루 빨리 오면 좋겠네요.

새끼들 사이에도 서열이 존재할까요?

갓 태어난 새끼 고양이들은 눈도 귀도 닫혀있지만 본능적으로 어미의 젖을 찾습니다. 그러나 한 배에서 태어났어도 체구와 힘이 제각각이라 자연스레 차지하는 젖꼭지가 정해지게 되는데요. 이때 크기가 큰 녀석은 힘도 세서 젖이 가장 잘 나오는 배 쪽 젖꼭지를 차지하고 더욱더 무럭무럭 자라게 되죠. 결국 처음에 어느 쪽 젖꼭지를 차지하게 되느냐에 따라 성장에도 차이를 보여 형제들 사이에 서열이 나뉘게 된답니다.

한편 정해진 젖꼭지에는 각자 자신의 냄새를 묻혀 표시하기 때문에 어미의 배를 씻겨 이를 없애면 새끼들 사이에 다툼이 일어날 수도 있다 하니 주의하세요.

냥냥이 짤막 상식 — 겨울만 되면 몸집이 커지는 이유

겨울이 되면 고양이들은 단체로 살이라도 찐 것처럼 몸집이 커지는데요. 실제로 살이 찐 건가 싶어 몸무게를 재보면 별 차이는 없죠. 고양이는 일 년에 두 번 털갈이를 하는데, 각각 여름과 겨울이 본격적으로 시작되기 전에 이루어집니다. 이때 추운 겨울을 나기 전에는 몸의 체온을 유지해줄 부드러운 속털들이 풍성하게 자라기 때문에 마치 살이 찐 것처럼 몸집이 커지는 거예요. 따라서 이를 가리켜 '털이 쪘다'라고 표현한답니다. 겨울에 찐 털은 돌아오는 봄이 되면 다시 더운 여름을 보내기 위해 빠지게 되는데요. 많은 양이 한꺼번에 빠지기 때문에 집사로선 무척 괴로울 수밖에 없어요.

고양이는 정말로 생선을 좋아하나요?

고양이가 가장 좋아하는 음식을 물으면 아마 대부분 생선이라고 말할 겁니다. 이와 더불어 '고양이에게 생선을 맡긴 꼴'처럼 고양이와 생선을 연관 지은 것들이 많은 걸 보면 고양이는 생선을 좋아한다는 생각이 사람들의 머릿속에 자리 잡고 있다는 사실을 알 수 있는데요. 그러나 실제로 고양이가 가장 좋아하는 건 육식동물답게 육류라고 해요. 물론 생선을 좋아하는 고양이도 있겠지만 그만큼 좋아하지 않는 경우도 많죠. 그렇다면 어째서 고양이 하면 생선을 먼저 떠올리게 된 걸까요?

흥미롭게도 이는 2차 세계대전과 관련이 있습니다. 당시 고양이 사료를 만들던 회사들이 전쟁으로 인해 사료에 쓸 육류가 부족해지자 좀 더 구하기 쉬운 생선을 가지고 만들기 시작했던 것이죠. 이후 광고를 통해 고양이는 생선을 좋아한다고 퍼트렸고, 사람들의 머릿속엔 고양이는 생선을 좋아한다는 인식이 자리 잡게 돼요. 이것이 오늘날에 이르러 완전한 사실처럼 여겨지고 있는 것이랍니다.

어릴 때부터 생선으로 만든 사료를 먹었다면 그 맛에 길들어져 생선을 좋아할 수도 있지만 실제로 고양이의 제질상 생신은 맞지 않는다고 하는데요. 특히 날생선은 각종 기생충이나 식중독에 감염될 수도 있기 때문에 절대 주어선 안 된다고 해요. 따라서 고양이에게 생선을 줄 경우 주식보다는 간식으로 가끔씩만 주되 염분을 빼고 익힌 상태에서 살만 발라 주는 것이 좋습니다.

사랑의 주도권은 암컷에게 있나요?

성적으로 발달한 암컷 고양이에게는 보통 일 년에 대여섯번씩 발정기가 찾아옵니다. 발정이 온 암컷은 특유의 울음소리나 소변을 통해 먼 곳에 사는 수컷 고양이까지 불러들이는데요. 소식을 듣고 몰려든 수컷 고양이들은 한 마리의 암컷을 둘러싸고 경쟁하기 시작하고, 결국 그중 가장 크고 힘이 센 녀석이 암컷과 교미할 기회를 얻게 되죠.

이때 나머지 수컷들은 경쟁에서 밀려났어도 완전히 끝난 건 아닙니다. 한 마리의 암컷 고양이는 다수의 수컷과 교미하는 특징이 있기 때문이죠. 따라서 기회만 잘 엿본다면 크고 힘이 세지 않아도 교미에 성공할 수 있어요.

그렇다면 여러 마리의 수컷과 교미한 암컷이 낳은 새끼들은 아빠가 전부 같을까요? 정답은 다르다입니다. 일부만 같을 수도, 아니면 태어난 새끼들 전부 아빠가 다를 수도 있어요. 다양한 유전자를 남길 수 있는 시스템이라고 할 수 있죠.

참고로 암컷 고양이는 이제 막 발정을 겪기 시작한 어린 개체보다 출산을 해본 적이 있고 어느 정도 나이가 있는 개체가 인기 있다고 하는데요. 이는 육아 경험이 있는 쪽에서 태어난 새끼가 살아남을 가능성이 더 크기 때문이라고 합니다.

치즈냥이들은 왜 대부분 덩치가 클까요?

우리나라의 길거리에서 흔히 보이는 고양이 중 노란 털에 좀 더 진한 색의 줄무늬가 특징인 치즈 태비는 기본적으로 사람을 잘 따르고 어리광이 많은 성격 덕에 인기가 많은데요.

치즈 태비 고양이에 관한 흥미로운 사실 중 하나는 대부분이 암컷인 삼색 고양이와는 반대로 수컷의 비율이 훨씬 높다는 점입니다. 그 이유는 X 염색체 안에 들어있는 오렌지색 털 유전자가 성염색체가 XY인 수컷의 경우 X 염색체 하나에만 들어있으면 되지만, 암컷은 성염색체가 XX라 두 곳에 모두 들어있지 않으면 치즈 태비로 태어나지 않기 때문이에요. 따라서 치즈 태비 고양이는 보통 수컷이 많아 다른 종에 비해 몸집이 더 커 보이는 것이랍니다.

흥미로운 사실 두 번째는 개체마다 털의 색깔이나 줄무늬는 조금씩 다를 수 있어도 코와 발바닥은 무조건 분홍색이라는 거예요.

참고로 치즈 태비 고양이들은 식욕도 왕성해서 살이 찌기 쉽다고 하니 치즈 태비 고양이를 키우는 집사들은 먹을 것을 달라고 부리는 어리광에 쉽게 넘어가선 안 되겠어요.

고양이는 얼마나 오랫동안 기억할 수 있나요?

　고양이가 여러 개의 상자 중 먹이가 들어있는 곳을 얼마나 오래 기억할 수 있는지 실험한 결과 무려 16시간을 기록했다고 합니다. 참고로 개는 5분 정도였죠. 그만큼 고양이는 단기간 기억하는 능력이 뛰어난 동물인데요.

　재미있는 점은 아무리 기억력이 좋아도 관심이 없으면 소용이 없다는 거예요. 같은 조건이라도 고양이가 흥미를 보이지 않으면 기억하는 시간이 10초 남짓이었다고 하니까요. 반면에 안 좋은 기억은 오래도록 남는데요. 특히 오감이 기능하기 시작하고 주변 사물을 처음으로 인지하는 사회화기(생후 2~7주) 때의 경험은 매우 강하게 자리 잡기 때문에 만약 이 시기에 발톱을 깎으면서 부정적인 기분을 느꼈다면 성묘가 돼서도 계속 발톱을 깎기 싫어한다고 하네요.

　고양이의 기억력이 좋은 이유는 독립생활을 하는 습성과 관련이 있다고 추측됩니다. 무리 지어 살았다면 내가 기억하지 못하는 걸 누군가가 대신 기억해줄 수도 있었겠지만 혼자서는 모든 걸 스스로 해결해야 했을 테니까요. 기억하지 못하면 살아남을 수 없었던 거죠.

배설물을 제대로 덮지 않는 이유는 뭘까요?

일반적으로 고양이는 볼일을 본 후에 꼭 모래로 그 흔적을 덮는 습성을 가지고 있습니다. 그런데 생각보다 배설한 뒤에 엉뚱한 곳을 긁는 아이들이 많다고 해요. 그리고는 배설물이 전혀 덮이지 않았는데도 자리를 떠버리죠. 원래의 목적을 이루지 못한 것인데도 괜찮은 걸까요?

사실 고양이의 역사 속에서 화장실이 작은 모래통으로 바뀐 것은 얼마 되지 않은 일이에요. 그전까지는 온 천지가 흙이고 모래인 자연에서 배설했기 때문에 적당히 긁으면 흔적을 숨길 수 있었지만, 현대의 화장실은 자연과는 완전히 다른 환경이니 때론 서투를 수밖에요. 무슨 일이든 적응 기간이 필요한 법이니 지켜봐 주자구요.

냥냥이 짤막 상식 — 화장실 청소하는 집사를 지켜보는 이유

고양이의 배설물을 열심히 치우고 있노라면 어디선가 쳐다보고 있는 듯한 느낌이 들 때가 있습니다. 화장실 청소하는 집사의 모습을 반려묘가 지켜보고 있는 것인데요. 고양이가 이러한 행동을 하는 이유는 첫 번째로 깨끗한 화장실에 가고 싶기 때문일 수 있어요. 그러니 청소가 끝나기만을 기다리고 있는 거죠. 혹은 자신의 냄새로 가득 차 있는 곳이기 때문에 내 영역에 무슨 일이 일어나는지 지켜보려는 것일 수도 있는데요. 이 중에는 청소 후에 곧바로 흔적을 남겨 계속해서 자신의 소유임을 표시하는 고양이도 있답니다.

다묘 가정이 평화로울 수 있는 이유

한집에 사는 고양이들끼리는 어쩔 수 없이 공유하게 되는 영역이 생깁니다. 이곳에서는 먼저 차지하는 고양이가 임자인 고양이 세계의 규칙을 따르는데요. 혈연관계이거나 친한 사이일 경우 공간을 같이 쓰기도 해요. 옹기종기 모여 평화롭게 있을 수 있는 것도 이 때문이죠.

잠을 잘 때도 예외는 아니어서 한곳에 두세 마리의 고양이들이 몸을 포개고 자는 모습을 심심치 않게 볼 수 있을 거예요. 그만큼 서로의 유대가 강하다는 뜻일 테니 집사로선 흐뭇하게 바라볼 수밖에 없겠죠.

다만 한 고양이가 다른 고양이의 몸 위에 올라타 깔고 앉아 있는 상태에서 밑에 있는 고양이가 불편해하는 몸짓을 보인다면 이는 서열이 높은 고양이가 자신보다 서열이 낮은 고양이에게 우위를 드러내는 행동일 수 있답니다.

친한 사이라면 서로 달라붙어서 자는 게 보통이야. 하지만 위에 올라가는 건 서열이 높은 고양이지.

다묘 가정 고양이들의 서열

한정된 공간에 여러 마리의 고양이들이 함께 지내야 한다면 더 좋은 장소를 차지하기 위해 자연스럽게 서열이 나뉘게 되는데요. 직접적으로 드러내지 않아 어느 고양이가 서열이 가장 높은지 알 수 없다면 먼저 캣타워와 같은 수직 공간의 가장 높은 자리를 누가 차지하고 있는지 보면 됩니다. 자신들의 영역을 한눈에 살필 수 있는 좋은 위치에 자리하고 있다는 건 그곳을 차지할 만큼의 힘이 있다는 뜻이거든요. 이외에도 어디서든 당당하게 가운데로 걸어 다니며 불안한 기색 없이 차분해 보인다면 서열이 가장 높은 녀석일 확률이 높습니다.

삼색 고양이의 대부분이 암컷인 이유는 뭔가요?

흰색, 오렌지색, 그리고 검은색이 섞인 털이 특징인 삼색 고양이는 대부분 암컷인 것으로 잘 알려져 있는데요. 수컷이 태어날 확률이 워낙 드물어 수컷 삼색 고양이는 행운의 상징으로 여겨질 정도라고 하죠.

삼색 고양이가 암컷만 태어나는 이유는 삼색을 이루는데 필요한 오렌지색과 검은색을 결정짓는 유전자가 모두 X 염색체 안에 있기 때문입니다. 암컷의 성염색체는 XX, 수컷의 성염색체는 XY이므로 오렌지색과 검은색 털을 동시에 가지려면 XX가 될 수밖에 없는 거예요.

그렇다면 극히 드물지만 수컷 삼색 고양이가 태어날 수 있는 이유는 뭘까요? 그건 바로 성염색체 이상으로 XXY가 되기 때문이에요. 돌연변이라는 뜻이죠. 따라서 안타깝지만 수컷 삼색 고양이는 번식하기가 어렵고 건강이 좋지 않을 확률이 높다고 하네요.

참고로 삼색 고양이는 대부분 암컷이기 때문에 보통 자존심이 강하고 새침하면서 변덕스러운, 한마디로 전형적인 고양이의 성격을 가졌다고 합니다.

고양이는 밖에서 대체 뭘 하다 오는 걸까요?

외출냥이들의 몸에 GPS와 카메라를 달아 밖에 나갔을 때 무엇을 하는지 조사해봤더니 새로운 친구를 사귀거나 지나가던 고양이와 싸우는 모습이 찍혔다고 해요. 또 마실 물을 찾아다니거나 곤충같이 살아있는 먹이를 잡아먹는 등의 행동들도 관찰되었죠. 흥미로운 점은 생각보다 고양이들의 이동 범위가 좁았다는 것인데요. 먼 곳까지 돌아다닌 경우는 소수였다고 하네요.

한편 고양이들은 6일 동안 평균 4.5회 도로를 건너다녔는데 그중에는 실제로 사고를 당한 경우도 발생했다고 합니다. 기록에 따르면 밖을 돌아다니는 고양이에게 일어나는 교통사고의 절반은 집 바로 앞에서라고 하니 인적이 드문 곳이라도 고양이는 되도록 실내에서 키우는 게 좋답니다.

냥냥이 짤막상식
고양이는 산책이 필요 없다

매일 집안에만 있는 고양이에게 산책을 시켜주고 싶은 집사들이 많겠지만 고양이는 개와 달리 산책이 필요 없는 동물입니다. 이는 오히려 고양이에게 엄청난 스트레스를 줄 수 있죠. 영역동물인 고양이는 자신의 영역에서 벗어날 경우 극도로 예민해지고 불안감을 느끼기 때문이에요. 집 밖을 나가본 적 없는 집고양이에게 많은 사람과 고양이를 비롯한 낯선 환경들이 가져다줄 혼란스러움이 상상되시나요? 게다가 아무리 목줄을 착용하더라도 겁을 먹고 흥분한 상태에선 얼마든지 빠져나갈 수 있어요. 여기저기 사고당할 위험이 도사리고 있는 곳에서 반려묘를 잃어버린다면 무슨 일이 일어날지 장담할 수 없습니다.

고양이의 성격은 어떻게 결정되나요?

고양이의 성격을 결정짓는 요인에는 선천적인 것과 후천적인 것이 있습니다. 선천적인 것에는 털의 색깔이나 옥시토신 호르몬의 수용체 개수 등이 알려져 있는데, 그중에서도 많은 영향을 미치는 요인은 바로 아빠 고양이의 성격이라고 해요. 실험에 따르면 사람을 잘 따르는 수컷의 새끼는 사람을 보았을 때 마찬가지로 친화적인 성격을 보인 반면 사람을 잘 따르지 않는 수컷의 새끼는 사람을 보아도 무시하거나 피했다고 합니다. 아무래도 아빠 고양이의 성격은 많은 부분 중에서도 특히 새끼의 붙임성과 연관이 있는 것 같죠.

다음으로 후천적인 것에는 사회화 시기의 경험, 어미의 양육, 임신 중 또는 사회화기의 환경, 중성화 수술 등이 있는데요. 이는 구체적으로 사회화 시기에 형제들이나 다른 동물, 혹은 사람과 함께한 경험이 있는지, 어미의 양육이 어느 시기까지 이루어졌는지, 임신했을 때부터 태어나고 자라면서 주변 환경이나 영양 상태는 어땠는지, 중성화 수술을 했는지에 따라 성격이 달라진다고 합니다. 그리고 이 중에서도 특히 많은 부분이 결정되는 사회화 시기에 어미가 옆에 존재하면 문제 행동이 줄어들고, 살아가는 방법을 더욱 빠르게 습득할 수 있으며, 경계심이 적어진다고 하네요.

대장 고양이는 왜 얼굴이 클까요?

고양이들 사이에서도 유독 머리가 크고 덩치가 좋은 고양이는 서열이 가장 높은 일명 대장 고양이라 불리는데요. 수컷 고양이의 경우 중성화 수술을 하지 않으면 남성호르몬이 계속해서 분비되어 얼굴의 근육을 두껍게 만듭니다. 게다가 이빨로 무는 힘도 세지죠. 따라서 얼굴이 크다는 건 그만큼 남성호르몬의 분비가 왕성하다는 뜻이므로 강한 수컷의 상징이라고 할 수 있어요.

이처럼 대장 고양이는 다른 수컷들을 전부 제압할 만큼 강하기 때문에 어디서든 당당하게 걸어 다니면서 영역 안에 있는 암컷 고양이들을 차지합니다. 게다가 자신감이 넘치고 겁도 없어서 사람을 마주쳐도 경계하지 않을 정도라고 해요. 또한 일반적으로 볼일을 보면 모래로 덮는 습성과 달리 다른 고양이들에게 자신의 존재를 알리고 영역을 표시하기 위해 배설물을 일부러 덮지 않는다고 하죠.

참고로 대장 고양이는 그 카리스마에 다른 고양이들이 좀처럼 다가오지 못하기 때문에 자연스럽게 따로 떨어져 유유히 고독을 즐긴다고 하니 역시 왕좌에 오를수록 외로워지는 법인가 봅니다.

> 대장 고양이는 어디서나 **당당**하게 걷는다구!!

흰 고양이는 겁이 많나요?

온몸이 새하얀 고양이는 사실 사람에게 길러지기 시작하면서 존재하게 된 개체입니다. 야생에서라면 흰색의 털이 너무나도 눈에 잘 띄기 때문에 살아남지 못했을 것이기 때문이죠. 따라서 흰 고양이는 보통 자신을 보호하려는 면이 강하고 조심성이 많은 것이 특징이에요.

또한 흰 고양이는 선천적으로 청각 장애를 가지고 태어날 확률이 높은데요. 온몸의 털을 새하얗게 만드는 W 유전자가 청각에까지 영향을 미치기 때문이라고 해요. 특히 흰 고양이 중에서도 푸른 눈을 가진 개체는 60~80%의 높은 확률로 청각 장애가 있다고 합니다. 따라서 이러한 경우 위험한 상황에 더욱 취약해지기 때문에 겁이 많고 신경질적인 성격이 되기 쉽다고 하네요.

참고로 흰 고양이 중에서는 W 유전자가 아닌 선천성 색소결핍증으로 인해 온몸이 새하얗게 태어나는 경우가 있는데, 이를 알비노라고 합니다. 알비노 고양이는 돌연변이이므로 매우 희귀하며 색소가 없어 혈관이 비치기 때문에 눈이 빨간 것이 특징이에요.

못 말리는 엄마 바라기가 되는 이유

고양이 중에는 성묘가 되어서도 어미에게 어리광부리며 졸졸 따라다니는 엄마 바라기들이 있죠. 심지어는 나오지도 않는 젖을 계속 빨기도 하는데요.

여러 마리의 새끼 중에서 유일하게 살아남아 외동묘로 자라는 경우 사회성을 기르거나 장난을 치는 등 상호작용을 할 수 있는 상대가 어미밖에 없기 때문에 어미에게 더욱더 의지하게 됩니다. 따라서 성장한 뒤에도 어미의 곁에서 떨어지지 않는 엄마바라기가 될 수 있죠. 어미도 새끼의 수가 적을수록 한 마리당 더욱더 많은 애정을 줄 수 있기 때문에 각별해진 새끼가 성묘가 되어 젖을 빨아도 거부하지 않는 거랍니다.

냥냥이 짬막 상식 — 반려묘 임신과 케어

고양이의 임신은 보통 교미 후 2주 정도 지난 시점에 발정기가 다시 찾아오지 않는다면 성공적으로 이루어졌다고 볼 수 있는데요. 임신 초반에는 입덧을 하는 경우가 있어 식욕이 떨어지거나 구토 증세를 보일 수 있고, 3주쯤 지나면 젖이 부풀면서 젖꼭지가 분홍색으로 변하게 됩니다. 그리고 4주가 지나면 배가 불러오기 시작하면서 식욕은 증가하고 움직임은 줄어드는데요. 이때 고양이의 몸은 많은 영양을 필요로 하기 때문에 영양분이 풍부한 사료로 바꿔주거나 따로 영양제를 챙겨 주는 것이 좋아요. 이렇게 약 9주 정도가 지나면 출산을 하게 되는데 고양이는 보통 한 번에 4~6마리의 새끼를 낳는다고 합니다.

알려다옹
고양이에 관한 믿거나 말거나

세계 각국의 다양한 고양이 미신

- 🇮🇹 이탈리아에서는 고양이가 재치기를 하면 이를 들은 사람 모두에게 행운이 따른다고 합니다. 다만 이는 재채기를 한 번만 했을 경우이며, 만약 세 번을 했다면 들은 사람이 감기에 걸릴 징조라고 하네요.
- 🇮🇩 인도네시아에서는 고양이에게 물을 뿌리면 비를 내려준다고 하는데요. 이와 비슷한 미신으로 일본에서는 고양이가 세수를 하면 비가 온다고 하며, 유럽에서는 고양이가 귀 뒤에 발을 올리면 비가 온다는 말이 있습니다.
- 🇬🇧 유럽에서는 대부분 검은 고양이를 만나면 불행이 찾아온다고 합니다. 게다가 검은 고양이가 배 위에 올라가 걸어 다니면 그 배는 침몰한다는 말까지 있죠. 다만 영국에서는 오히려 검은 고양이가 지나가면 나쁜 기운이 지나간 것으로 여기고 행운이 찾아올 것이라 믿으며, 스코틀랜드에서는 검은 고양이가 집안에 들어오면 재물을 가져다준다고 합니다.
- 🇯🇵 일본에서 흔히 볼 수 있는 팔 흔드는 고양이 인형을 '마네키네코'라고 하는데, 이는 고양이가 앞발을 흔들어 복을 불러들인다는 의미가 있다고 합니다. 그중에서도 오른발을 흔들면 재물을 부르고, 왼발을 흔들면 사람(손님)을 부른다고 하네요.
- 🇪🇺 유럽의 일부 국가에서는 고양이가 무덤을 뛰어넘으면 그 무덤의 주인이 되살아난다는 얘기가 전해 내려온다고 합니다.

고양이에게는 9개의 목숨이 존재한다

　예로부터 우리나라에서 고양이에 관해 전해 내려오는 이야기 중에는 '고양이는 귀신을 본다.', 혹은 '고양이에게 해코지하면 천벌을 받는다.'와 같이 고양이를 영물로 여기는 경우가 많습니다. 이처럼 많은 동물 중에서도 유독 고양이에게는 초월적인 존재와 연결되어있는 듯한 신비로운 이미지가 따라다니는데요. 흥미로운 것은 이러한 이미지가 이미 오래전부터 전 세계적으로 퍼져 있었다는 거예요.

　이를 증명하는 속설로 '고양이에게는 9개의 목숨이 존재한다.'라는 말이 있습니다. 실제 영어 표현에도 'A cat has nine lives(고양이는 9개의 목숨이 있다).'라는 문장으로 존재할 만큼 전 세계적으로 통용되고 있는데요. 이 속설은 과연 어디서 유래된 걸까요?

　15세기 이후 중세유럽에서는 종교적인 이유로 아무 관련 없는 여성들을 마녀로 몰아 처형시키는 끔찍한 일이 일어나기 시작했어요. 그리고 이때 고양이를 마녀의 하수인으로 몰아가면서 쉽게 죽지 않는 마녀의 능력이 고양이에게도 있을 것이라 믿게 된 겁니다. 현대의 각종 드라마나 영화, 애니메이션 등에서 묘사되는 마녀를 떠올리면 항상 고양이가 곁에 있는 이유를 아시겠죠.

　그렇다면 왜 하필 '9개'의 목숨일까요? 이에 관해선 고양이를 신성시하던 고대 이집트로부터 시작된다는 설을 들 수 있는데요. 고대 이집트인들이 성스럽게 여기던 숫자가 바로 9였기 때문이죠. 실제 남겨진 기록에 따르면 그들이 숭배하던 신들도 9명이었다고 하니까요. 그리고 여기서 나온 숫자 9가 고양이와 결부되어 9개의 목숨을 가진 영물이 된 것입니다.

　많은 동물 중에서도 고양이가 선택된 건 아마 그 습성과 신체 능력 때문일 가능성이 큰데요. 주로 밤에 활동하면서 마주치면 두 눈이 번쩍이고, 아무리 높고 좁은 곳이라도 나타났다 사라지는 모습이 당시 사람들에겐 마치 베일에 싸인 미지의 존재처럼 느껴지지 않았을까요?

영원한 너만의 집사

다들 그렇게 집사가 된다

흔히 고양이를 키우는 사람을 '집사'라고 표현하곤 합니다. 무엇이든 고양이가 차지하고 있으면 아무 말 없이 내어줘야 하거든요. 덕분에 고양이와 사람의 처지가 뒤바뀐 듯한 상황이 연출되기도 하는데, 여기에 고양이의 도도한 성격까지 더해지면 고양이를 모시고 산다는 표현이 이해가 갈 거예요.

하지만 정작 고양이는 아무런 생각이 없을지도 모릅니다. 고양이들의 세계에선 기본적으로 먼저 차지한 쪽이 임자거든요. 오히려 비키라고 쫓아내면 예의 없는 녀석이라 생각할지도 모른다고 하네요. 어이가 없으면서도 웃음이 나오는 게 어쩔 수 없는 고양이란 존재인가 봐요.

냥냥이 짤막 상식 — 둘째 반려묘 입양하기

- 둘째 고양이의 입양은 첫째 고양이의 성격이나 상태, 또는 집안 환경이나 집사가 다묘를 케어할 여유가 되는 상황인지 등을 꼼꼼히 따진 후에 결정해야 합니다.
- 입양을 결정하고 데려왔다면 기존 고양이와의 합사를 위해 먼저 공간을 따로 두고 분리해야 하는데요. 이 과정에서 집사는 기존 고양이에게는 평소와 같이 대하고, 새로 온 고양이와는 따로 유대감을 쌓습니다.
- 각자의 공간에 들어가 냄새를 맡거나 문을 사이에 두고 밥을 먹는 등의 과정을 거쳐 서로가 익숙해진 후에 완전한 합사가 이루어질 수 있도록 해주세요.

고양이의 변덕을 조심하세요

고양이의 공격성을 유발하는 원인 중 하나가 만지는 것이라고 해요. 쓰다듬어 주는 손길에 몸을 비비며 좋아하던 고양이가 갑자기 깨물거나 뒷발로 차는 경우가 바로 그것인데요. 이는 고양이가 가진 인내심의 한계를 넘었거나 싫어하는 부위를 만졌기 때문이에요. 울음소리를 내거나 꼬리를 파닥거리기 시작하는 것이 신호죠. 그런데도 쓰다듬는 손을 멈추지 않으면 콱 물리게 됩니다. 고양이의 기분이 언제 나빠질지 모르니 물리고 싶지 않다면 이러한 신호를 바로 알아차리고 적당한 선에서 쓰다듬을 멈추는 수밖에요.

사실 이런 현상은 고양이들 사이에서도 볼 수 있는데요. 사이가 좋은 고양이끼리는 친근함의 표시로 상대를 핥아 주는데 눈치 없이 너무 오래 핥으면 상대가 그만하라는 뜻으로 깨물어버리죠. 애정을 담은 그루밍도 적당히 끝내는 게 매너랍니다.

냥냥이 짬막상식 다양한 원인으로 나타나는 고양이의 공격성

- 서열을 정리하거나 우위를 나타내기 위해 고양이들끼리 공격하는 경우, 서열로 인한 공격성(Dominance Aggression)
- 사람의 손이나 발을 갖고 놀다가 갑자기 공격하는 경우, 마치 놀이처럼 나타나는 공격성(Play Aggression)
- 아픈 곳을 건드렸을 때 공격하는 경우, 통증으로 인해 나타나는 공격성(Pain-induced Aggression)
- 새로운 환경이나 사람을 맞닥뜨렸을 때 공격하는 경우, 두려움으로 인해 나타나는 공격성(Fear-induced Aggression)

나를 마중 나와준 거야?

고양이는 도도하고 차가워서 사람을 신경 쓰지 않는다는 이미지가 있지만 실제로 집에 돌아온 집사를 현관에서 맞이해주는 경우가 많습니다. 비록 그 이유는 여러 가지 일지라도요.

그중에는 정말로 집사가 반가워서 마중 나올 때가 있는데요. 앞서 고양이는 청각이 예민하다고 했죠. 따라서 집사의 발소리나 엘리베이터 소리 등을 듣고 집사가 돌아왔다는 반가움에 현관으로 나온 거예요. 이때 고양이는 꼬리를 세우고 집사에게 몸을 부비거나 울음소리를 내는 등 갖은 애교를 부립니다. 그만큼 집사를 좋아한다는 거겠죠. 물론 단순히 집사가 밖에서 묻히고 오는 낯선 냄새들이 싫어서 한시라도 빨리 자신의 냄새로 덮으려는 것일 수도 있지만요.

한편 자신의 영역에 들어오는 생물체를 눈으로 확인하려는 목적도 있어요. 또는 배가 고프니 어서 와서 밥을 달라고 대기하고 있는 것일 수도 있고요. 이처럼 다소 섭섭한 이유일 수도 있겠지만 집사들에게 반려묘란 문을 열었을 때 바로 보이는 얼굴만으로도 행복을 주는 존재들이니 괜찮아요.

다만 고양이가 현관으로 자주 나와 있는 경우 문이 열린 상태에서 방심한 순간 밖으로 나가버릴 수 있으므로 반드시 중간에 방묘문이나 펜스를 설치해두는 것이 좋답니다.

고양이 눈에 비친 나

가끔 고양이를 보며 '저 녀석은 나를 뭐라고 생각할까?' 하는 궁금증이 생길 때가 있죠. 과연 어떨까요? 전문가들에 따르면 고양이는 사람을 자신들과는 다른 존재가 아닌 같은 고양이로 여긴다고 합니다. 몸을 비비거나 핥아 주고, 꾹꾹이를 하는 등 사람에게 하는 행동들 모두 같은 고양이를 대할 때와 똑같기 때문이죠.

그렇지만 사람은 외형적으로 완전히 다를뿐더러 고양이처럼 사냥하거나 재빠르게 움직이지도 못하는데 다르다고 볼 수밖에 없지 않을까요? 이에 대해 고양이는 우리가 서툴다고 생각한다네요. 그러니까 종합해보면 고양이에게 사람은 '거대하지만 서툰 고양이'인 거죠. 고양이가 사냥감을 물어다 오는 것도 사냥하는 법을 가르쳐 주겠다는 의미일 수 있다고 하니 그동안 우리는 이 작은 생명체에게 보살핌을 받고 있었나 봅니다.

냥냥이 짤막 상식 — 고양이 구내염

고양이에게 발생하는 대표적인 치주질환인 구내염은 입안에 생기는 염증을 통칭하는 말인데요. 그 원인은 다양하지만 아직 뚜렷하게 밝혀진 것은 없으며, 한번 발병하면 치료 후에도 재발할 확률이 높고, 무엇보다 굉장히 고통스러워 악명이 높다고 해요. 구내염에 걸린 고양이는 통증 때문에 밥도 제대로 먹지 못할 뿐만 아니라 입냄새가 고약해지고 계속해서 침을 흘리며 그루밍을 하지 못해 지저분한 모습이 되는데요. 그나마 확실한 치료 방법은 발치를 하는 것으로, 고양이는 이가 없어도 충분히 음식물을 섭취할 수 있기 때문에 너무 걱정하지 않아도 된다고 합니다.

고양이 동영상을 멈출 수가 없어요

고양이의 귀여운 모습이 담긴 영상을 보고 있노라면 자신도 모르게 입꼬리가 올라가 있는 걸 발견하게 되죠. 그렇게 또 다른 고양이 동영상들도 하나둘 보다 보면 어느새 시간은 훌쩍 지나가 있는데요.

조사에 따르면 실제로 많은 사람이 개나 고양이의 사진을 보기만 해도 기분이 나아졌다고 합니다. 또 다른 해외의 연구에서는 개와 고양이의 사진을 본 뒤 집중력이 높아졌다는 기록도 있다고 해요. 아마 그 귀여운 모습을 하나하나 자세히 들여다보고 싶은 마음이 영향을 미친 것이겠죠.

우리가 고양이 동영상을 끝없이 보게 되는 건 어쩌면 당연한 일일 수밖에 없을지도 모릅니다. 순수한 행동에서 뿜어져 나오는 귀여움의 유혹을 이겨내기란 결코 쉽지 않으니까요.

냥냥이 짤막상식 — 외동으로 키워야 하는 고양이의 특징

- **집사에 대한 애착이 강한 고양이**: 새로운 고양이를 들일 경우 집사를 빼앗겼다 생각해 질투로 인한 공격성을 드러내거나 스트레스를 받을 수 있어요.
- **낯가림이 너무 심하거나 예민한 고양이**: 기본적으로 낯선 물건, 환경, 사람 등에도 겁을 먹거나, 또는 너무 예민해서 새로운 고양이를 들이는 것 자체로 엄청난 스트레스를 받을 수 있어요.
- **경계심이 강한 고양이**: 경계심이 강하면 친해지기 어려울 뿐만 아니라 새로 온 고양이를 공격할 수 있기 때문에 합사가 힘들어요.

아침마다 나를 깨우는 이유

　기상 시간은 아직 멀었는데 아침 일찍부터 일어나라고 야옹거리며 다가오는 반려묘 때문에 곤혹스러웠던 적이 한두 번이 아니죠. 게다가 어떻게 아는 건지 매일 비슷한 시간에 깨우러 오니 수면 부족에 시달리는 집사들이 많습니다.

　고양이가 아침에 집사를 깨우는 이유는 다양해요. 밥을 달라거나 심심하니 놀아달라는 걸 수도 있죠. 고양이가 가장 활동적인 시간은 주로 새벽이니까요. 그게 아니라면 매일 출퇴근하는 집사의 경우 시간의 흐름을 인지할 수 있는 고양이는 집사가 일어나는 시간을 기억하기 때문에 평일과 주말을 구분하지 않고 매일 그 시간이 되면 깨우러 오는 걸 수도 있어요.

　이처럼 집사를 깨우려는 이유는 제각기 다르겠지만 고양이가 이런 행동을 계속하는 이유는 집사가 원인일 가능성이 큽니다. 어느 날 아침 일찍 일어난 집사가 배고파 보이는 반려묘에게 밥을 줬고, 이러한 일이 몇 번 반복되면 고양이는 그 시간에 밥을 먹는 게 습관처럼 굳어지기 때문이죠. 다른 이유도 마찬가지로 집사가 반응을 해줬기 때문에 집사를 깨우면 원하는 걸 해주는구나 하고 학습하게 되는 거랍니다.

무는 버릇 고치기 대작전

반려묘가 유난히 잘 무는 탓에 애를 먹는 집사들이 있을 텐데요. 고양이의 이빨이 생각보다 날카로워서 심하면 피를 볼 수도 있기 때문에 꽤 골치 아픈 문제이기도 해요.

사실 고양이에게 무는 행위는 사냥이나 싸움을 통한 생존과 연결되기 때문에 본능적인 것이라 할 수 있습니다. 따라서 집사의 움직이는 손이나 발을 먹잇감처럼 여기고 달려드는 것일 수 있어요. 또는 새끼일 때 이갈이 시기가 되면 간지러움에 집사를 깨물게 되는데, 이를 방치한 경우에 성묘가 되어서도 버릇으로 남아 계속해서 물게 된 것일 수도 있죠. 단순히 스트레스를 받았거나 싫어하는 곳을 만졌을 경우, 반대로 집사에게 놀아달라거나 애정표현의 의미로 물기도 하고요.

한편 생후 2~3주부터 많은 것을 학습하게 되는 사회화기에 형제 없이 외동으로 자랐거나 어미와 일찍 떨어진 고양이의 경우 무는 버릇이 생길 확률이 높다고 하는데요. 물려본 경험이 없어서 물리면 얼마나 아픈지를 모르기 때문에 강도를 조절하지 못하고 마치 놀이처럼 무는 것이라고 해요.

고양이의 무는 버릇을 고치기 위해선 집사의 손이나 발을 장난감처럼 여기고 물어선 안 된다는 것을 확실히 인식시켜주는 게 중요합니다. 따라서 고양이가 물었을 경우 안돼! 하면서 짧게 소리치거나 놀아주는 것을 멈추고 무시하는 것이 좋아요. 손가락을 대신할 수 있는 장난감들을 마련해 놓는 것도 한 방법이겠죠.

놀랐을 때 왜 나를 쳐다보는 거니

해외에서 이루어진 한가지 실험에 따르면 처음 보는 신기한 물건이 있는 공간에 고양이와 보호자를 같이 들여보냈더니 약 80%의 고양이가 물건과 보호자를 번갈아 보는 행동을 했다고 해요. 사람도 놀라운 걸 보면 서로 쳐다보곤 하는데 고양이도 이게 뭐야?! 하고 놀라서 쳐다본 걸까요?

실험에서는 이어서 보호자 절반에게는 물건을 보고 즐거워하는 반응을 보이도록 하고, 나머지 절반에게는 무서워하는 반응을 보이도록 했습니다. 그러자 즐거워하는 반응을 한 보호자의 고양이보다 무서워하는 반응을 한 보호자의 고양이가 몇 번씩이나 물건과 보호자를 번갈아 보거나 도망치고 싶어서 출구를 보는 경우가 많았다고 하네요. 보호자가 무서워하는 걸 보니 이 물건에는 가까이하면 안 된다고 느꼈나 봐요. 이렇듯 고양이도 보호자의 반응을 의지한답니다.

냥냥이 짤막 상식

고양이의 수염

고양이의 수염에는 많은 신경이 모여있어서 주변 사물의 위치와 거리를 가늠할 수 있을 뿐만 아니라 바람의 방향이나 공기의 진동을 감지해 상대의 움직임을 재빠르게 파악할 수 있어요. 덕분에 고양이는 장애물에 부딪히지 않고 먹잇감도 더욱 쉽게 사냥할 수 있죠. 또한 균형을 잡아주는 역할도 하기 때문에 높거나 폭이 좁은 곳에서도 자유롭게 다닐 수 있는 것이랍니다. 이외에도 수염을 통해 고양이의 현재 상태나 감정을 파악할 수 있어요.

책상에만 앉으면 방해를 해요

컴퓨터를 하거나 책을 보기 위해 의자에 앉아 있으면 어느샌가 반려묘가 책상 위에 올라와 귀여운 방해를 시작합니다. 그리고 집사들은 책상에서 떨어트려 놔도 자꾸만 올라와 시야를 가리며 관심을 요구하는 고양이에게 결국 두손 두발 들곤 놀아주는데요.

사실 고양이는 사람이 하는 행위를 정확히 이해하지 못해요. 그들의 눈에는 그저 의자에 앉아 가만히 있는 것처럼 보이는 거죠. 따라서 하는 일이 없어 보이니 같이 놀자고 다가오는 거예요. 혹은 하는 일도 없으면서 자신을 봐주지 않으니 관심을 끌려고 올라오는 것이기도 하고요. 어떤 이유든 하는 일을 방해하려는 건 아니랍니다. 부디 너그러이 이해해 주세요.

냥냥이 짧막 상식 — 수염으로 알 수 있는 고양이의 상태

- 수염이 위를 향해 뻗어있는 경우: 기분이 좋아 집사에게 응석을 부리거나 놀이를 하기에도 좋은 상태예요.
- 수염을 얼굴 앞으로 내밀고 있는 경우: 상대에 대한 정보를 모으는 중이에요. 고양이들끼리 마주한 상태에서 수염을 내밀고 있다면 싸움이 날 가능성이 있어요.
- 수염이 축 처져 있는 경우: 차분하거나 나른해진 상태로, 보통 잠들려 하거나 쓰다듬을 때 수염이 쳐져요.
- 수염을 크게 펼치고 있는 경우: 잔뜩 긴장한 상태로 경계하면서 가능한 많은 정보를 수집하려는 중이에요. 불안하거나 화났을 때도 마찬가지예요.

뚱냥아 다이어트하자

고양이는 보통 중성화를 하고 난 이후에 비만이 될 위험성이 가장 높다고 하는데요. 고양이가 살이 찌는 이유는 사람과 마찬가지로 기초대사량은 점점 줄어드는 반면 식욕은 늘어나기 때문이라고 해요. 한마디로 많이 먹고 덜 움직여서라는 거죠. 물론 그중에는 살이 잘 찌는 체질인 경우도 있고요. 더욱이 집고양이는 공간이 한정적이다 보니 몸을 충분히 움직일 수 있는 환경을 만들어 주지 않으면 비만이 될 가능성이 더 크다고 하네요.

반려묘가 비만이라면 다이어트는 필수입니다. 뚱냥이가 된 모습은 귀여울지 몰라도 고양이에게 비만은 각종 질병의 원인이 될 뿐만 아니라 특히 관절염과 당뇨병의 발생률을 5배 이상 높이거든요. 따라서 체중 감량을 위해 단백질과 식이섬유가 풍부한 사료를 정해진 만큼만 주고 하루에 15분씩 최소 2번은 놀이 활동을 통해 칼로리를 소모시키는 것이 좋아요.

참고로 다이어트를 위해 식사량을 제한하고 먹을 것을 조르는 반려묘를 무시했다가 후에 자신을 싫어하게 될까 봐 마음이 약해지는 집사들이 있다면 너무 걱정하지 마세요. 연구에 따르면 고양이들은 먹이가 줄어들어도 집사를 거부하거나 공격하는 등의 행동은 보이지 않는다고 하니까요. 오히려 다이어트 후에 애교가 더 늘어났다는 사실!

반려의 역사

"우리집 반려묘는 배고플 때만 곁으로 와 갖은 애교를 부려요. 배부르면 뭘 하든 관심도 없죠." 이 말에 공감하는 집사들이 많을 텐데요. 덕분에 때론 고양이에게 자신은 그저 밥을 주는 존재일까란 생각이 들기도 할거예요.

소나 돼지처럼 가축화(사람이 기르고 관리하는 것)된 동물들을 보면 인간의 필요 하에 데려와 길들인 경우가 대부분입니다. 따라서 가축화될수록 인간이 선호하는 형태로 진화되었죠. 그러나 고양이는 가축은 맞지만 다른 가축과 비교하면 그 과정이 조금 다른데요. 인간이 농사를 짓기 시작하면서 농작물을 노리는 쥐가 생겨나자 그러한 쥐들을 잡아먹기 위해 먼저 마을로 다가온 거예요. 고양이로선 풍족하게 먹을 수 있고 인간은 골치 아팠던 문제가 자연스럽게 해결된 것이니 상부상조한 것이죠. 그렇게 고양이를 고마운 존재로 여기면서 예뻐하다 보니 집안에 들이면서 기르게 된 것입니다. 즉 고양이는 스스로 가축이 되었다고 볼 수 있어요.

애초에 독립적인 동물이었던 고양이는 사람에게 굳이 잘 보일 필요가 없었습니다. 꼬박꼬박 먹이도 주고 안전도 보장해주니 계속 머무르게 된 것뿐이랄까요. 현재까지 야생에서의 습성이 많이 남아있는 것도 이 때문이라고 할 수 있어요. 그렇다면 사람을 그저 밥 주는 존재로 여기는 것도 무리는 아닌 것 같네요..

배를 보여주는 이유

고양이가 배를 보인다는 건 무슨 의미일까요? 고양이의 배는 연약하고 부드러워서 공격당하면 치명상을 입을 수 있습니다. 한마디로 약점이란 뜻인데요. 그럼에도 불구하고 집사의 앞에서 배를 드러내고 발라당 눕는 건 그만큼 집사를 신뢰한다는 거예요. 또 지금 이 장소가 안전하다는 의미도 될 거고요. 만약 배를 보인 채 뭔가를 원하는 듯한 눈으로 다가오는 집사를 빤히 쳐다본다면 쓰다듬어 달라거나 놀아달라는 몸짓일 수도 있어요.

한편 고양이끼리 싸울 때는 공격의 의미로 배를 보이기도 하는데요. 약점을 드러내면서도 동시에 네 다리로 최대의 공격을 할 수 있기 때문이죠. 따라서 귀를 마징가처럼 옆으로 세웠거나 하악질을 하면서 배를 보이는 경우엔 결코 긍정적인 의미의 발라당이 아니니 조심해야 한답니다.

집사한테만 특별히 보여주는 거야

냥냥이 짤막 상식
새끼 고양이 돌보기

- 돌봐줄 어미가 없는 경우 가장 먼저 체온을 유지할 수 있도록 담요 등을 이용해 따뜻한 환경을 만들어줍니다.
- 태어난 지 얼마 안 된 새끼는 전용 우유를 젖병이나 주사기에 담아 먹입니다. 참고로 고양이는 생후 4주 정도가 지나면 고형식을 먹을 수 있어요.
- 새끼는 스스로 배변 활동을 하지 못하므로 휴지나 천을 이용해 엉덩이를 부드럽게 닦아주면서 배변을 유도해야 합니다. 또한 배변 상태를 체크하여 몸에 이상은 없는지 살핍니다.

내 목소리를 알아듣는 걸까?

해외의 한 사료업체가 앓던 병의 치료를 위해 키우던 고양이를 지인에게 보낸 뒤 2년이 지난 시점에서 과연 고양이가 예전 보호자의 목소리를 알아듣는지 확인해보는 실험을 했는데요.

예전 보호자를 비롯한 여러 사람이 각각 고양이의 이름을 부르는 목소리를 녹음해 고양이에게 들려주자 전혀 모르는 사람의 목소리를 들을 때는 신경도 쓰지 않다가 예전 보호자의 목소리가 들리자 귀를 쫑긋 세우고 고개를 들어 집중하는 듯한 반응을 보였다고 해요.

게다가 실험이 끝난 후 만난 예전 보호자의 품에 자연스럽게 안기기도 했다고 하니 분명 알아본 거겠죠. 이렇듯 겉으로는 무심해 보여도 고양이는 함께 지내던 보호자를 쉽게 잊지 않는답니다.

냥냥이 짤막상식 — 고양이는 자신의 이름을 인식하고 있을까?

고양이는 이름을 불러도 반응이 없는 경우가 많아 자신의 이름을 알아듣지 못하리라 생각하는 집사들도 있겠지만 실제 연구에 따르면 고양이는 자기 이름을 알아듣는다고 합니다. 집고양이들을 대상으로 이름을 포함한 여러 단어를 말하자 자신의 이름에 귀를 쫑긋하거나, 꼬리를 움직이는 등 반응을 보인 것이죠. 참고로 고양이는 단어를 이해한다기보다 소리로 기억하기 때문에 이름을 지을 때는 최대한 짧고 쉬운 단어로 하는 것이 좋다고 합니다.

고양이를 키우면 건강해진대요

반려묘들은 같이 사는 보호자들을 행복하게 해줍니다. 함께 있는 것만으로도 쌓이는 유대 속에서 스트레스가 줄어들고 행복 호르몬인 옥시토신이 마구 분비되거든요. 한 번이라도 고양이를 만져본 사람이라면 누구나 공감할 거예요. 그리고 이러한 영향이 결국 보호자의 마음뿐만 아니라 몸도 건강하게 만들어주는데요.

실제로 영국의 한 연구 결과에 따르면 고양이를 키우는 사람의 혈압과 심박수가 그렇지 않은 사람보다 더 안정적인 것으로 나타났다고 합니다. 또 다른 조사에서는 고양이를 키우는 사람에게서 심근경색이나 뇌졸중의 위험이 약 30% 정도 더 낮은 것으로 측정됐다고 해요.

그 귀여운 얼굴을 보기만 해도 힐링되는 기분인데 내 몸까지 건강하게 해준다니! 가끔은 너무 매정하게 구는 것 같아도 이해해줘야겠어요. 사실 그것 또한 고양이의 매력이니까요.

냥냥이 잘막 상식 — 고양이가 알레르기를 낫게 한다고?

흔히 고양이를 키우면 알레르기와 같은 질병을 유발한다는 부정적인 얘기가 많지만, 실제 연구에 따르면 유아일 때부터 반려동물과 함께 지내는 경우 오히려 천식이나 알레르기의 발생 위험이 줄어든다고 해요. 반려동물에게서 발생하는 세균에 노출되었을 때 아이의 몸 안에는 반대로 이로운 세균이 2배나 늘어났는데, 이때 늘어난 세균이 천식과 알레르기의 발병률을 낮추는 데 도움을 주는 것으로 밝혀진 것이죠. 참고로 고양이 알레르기는 그 직접적인 원인이 고양이의 털이 아닌 피부나 분비물에 포함된 단백질 때문이라고 하니 고양이 알레르기가 있는 집사들은 무엇보다 청소에 신경 쓰고, 반려묘와의 잦은 접촉을 줄이는 수밖에 없다고 합니다.

냥줍은 함부로 하는 게 아니랍니다

　길을 지나다 애처로운 울음소리가 들려 가봤더니 새끼 고양이가 혼자 떨어져 있는 상황이라면 대게 어미를 잃어버렸거나 두고 간 것으로 생각하는 경우가 많은데요. 이때 불쌍하고 안타까운 마음에 새끼를 데려가려는 행동은 함부로 해선 안 됩니다.

　실제로 혼자 있는 새끼 고양이가 어미를 잃고 헤매는 경우는 극히 드물다고 해요. 고양이가 활동하는 영역의 범위는 생각보다 넓어서 새끼의 움직임으로는 영역에서 벗어나기가 힘들기 때문이죠. 이런 경우 대부분 어미가 먹이를 구하기 위해 나간 사이 새끼가 집 밖으로 나온 것이거나 머무는 장소를 바꾸기 위해 새끼를 한 마리씩 이동시키고 있는 것일 수 있어요. 따라서 어떤 사정이 있는지 알아보지도 않고 무작정 새끼를 데려간다면 어미의 입장에선 날벼락일 수밖에 없겠죠.

　만약 혼자 있는 새끼를 발견했을 경우 일단 상태를 살펴봐야 하는데요. 얼굴이 깨끗하고 건강해 보인다면 어미가 보살피고 있다는 뜻이므로 그대로 두면 됩니다. 하지만 겉으로 보기에도 말랐거나 털이 더러워진 상태라면 일단 어미가 나타날 수도 있으니 멀리서 지켜보다가 직접 병원에 데려가거나 구조요청을 하는 것이 좋아요.

　참고로 새끼를 섣불리 만지면 다른 냄새가 난다는 이유로 어미에게 버림받을 수 있으니 주의해야 해요. 또한 은신처로 보이는 곳을 살피려고 자꾸 들여다보는 것도 어미가 이동해버릴 수 있기 때문에 삼가는 것이 좋습니다.

　무엇보다 고양이를 데려가는 데에는 엄청난 책임이 뒤따른다는 점 꼭 명심하세요.

그럼에도 네가 밉지 않은 이유

고양이란 자신의 영역을 중시하는 독립적인 동물입니다. 게다가 보호자를 주인이라고 생각하기보단 동등한 관계로 인식하고 있죠. 오히려 그 주도권은 고양이가 가지고 있어서 자기가 필요할 때만 먼저 다가와 만져달라 해요. 보호자가 다가가면 짜증을 부리거나 도망가버리죠. 그 매정한 모습에 서운할 수도 있겠지만 진정한 '집사'라면 알 겁니다. 이런 모습도 고양이의 매력이란 것을요. 진정으로 고양이를 좋아하는 사람은 고양이를 만질 수 있든 없든 상관하지 않는답니다.

냥냥이 짤막상식 — 고양이 복막염

고양이에게 발생하는 전염성 복막염(FIP)은 발병률은 높지 않지만 치사율이 매우 높아 악명 높은 질환으로, 고양이들 사이에서 쉽게 전염되는 코로나 바이러스가 몸속에서 변이를 일으키는 것이 원인으로 알려져 있는데요. 초기에는 뚜렷한 증상이 나타나지 않아 발견하기 어렵다고 하죠. 전염성 복막염의 증상은 건식과 습식으로 나뉘는데, 습식의 경우 복수가 차 배가 불룩해지는 것이 가장 큰 특징이며 폐를 압박해 호흡이 힘들어지면 결국 죽음으로 이어질 가능성이 큽니다. 반대로 건식의 경우 여러 장기에 영향을 미치게 되는데 뇌에 병변이 발생하여 신경질환이 나타나거나 눈에 이상이 생길 수도 있어요. 이처럼 고양이 복막염은 증상이 다양하기 때문에 확진을 내리는 것도 쉽지 않을 뿐만 아니라 무엇보다 아직 확실한 치료제가 개발되지 않아 치료가 힘들다고 합니다. 물론 최근에는 개발 중인 신약으로 완치되었다는 사례도 더러 있지만 재발의 위험이 커서 치료를 장담할 수는 없어요.

나이든 고양이와 산다는 건

때론 웃고 때론 울기도 하며 함께한 추억이 쌓여가는 만큼 반려묘도 어느새 나이를 먹습니다. 영원히 곁에 있어주면 좋으련만 안타깝게도 고양이의 시간은 사람에 비해 너무나도 빠르게 흘러가죠. 언젠가 다가올 이별을 생각하면 눈물이 날 것 같아도 조금이라도 더 늦게, 덜 아픈 모습으로 떠나보내기 위해선 나이 들어가는 반려묘를 받아들이고 일찍부터 관리해주어야 해요.

고양이의 평균수명은 집고양이의 경우 약 15년 정도이며 보통 사람 나이로 40대 중반이 되는 7살 이후부터 노화가 시작된다고 합니다. 그리고 10~11살이 넘어가면 본격적인 노년기에 접어들게 되는데요. 이때 고양이는 근육량이 줄어들고 관절이 약해지면서 서서히 활동량이 줄어들어요. 따라서 자연스럽게 그루밍에도 소홀해지기 때문에 털이 푸석푸석해지는 등 피부의 상태가 나빠질 수 있죠. 또 스크래칭을 제대로 하지 못해 발톱 관리가 되지 않고 살이 찌기 쉽습니다. 한편으론 눈동자가 탁해지고 이빨이 지저분해지거나 빠질 수 있으며, 귀가 어두워지기도 하고요. 이처럼 다양하게 나타나는 고양이 노화의 징후는 관찰을 통해 최대한 빨리 알아채는 것이 중요해요.

만약 반려묘가 노년기에 접어들었다면 먼저 그에 맞는 사료로 교체해 주고 충분한 양의 수분을 섭취할 수 있도록 해야 합니다. 또한 관절에 무리가 가지 않도록 주변 환경을 높지 않게 만들어주고 편히 쉴 수 있는 공간을 마련해주는 것이 좋아요. 그리고 빗질이나 발톱, 이빨 관리 등에도 신경 써주는 한편 정기적으로 건강검진을 해주는 것이 무엇보다 중요하답니다.

마지막으로 그리 많이 남지 않은 시간 동안 최대한 곁에 있어 주세요. 분명 이것이 반려묘가 가장 원하는 일일 거예요.

고양이에게도 찾아오는 분리불안

집사와 새끼일 때부터 함께였거나 유독 강한 애착심을 지닌 반려묘는 집사와 떨어지면 극도로 불안해져 스트레스를 받으면서 갖가지 문제 행동을 일으키는 분리불안을 겪기도 하는데요. 해외에서 발표한 기록에 따르면 분리불안 증상이 있는 고양이의 70% 정도가 부적절한 장소에서 배뇨를 했고, 이외에 집안 곳곳의 물건을 부수는 등의 파괴 행동, 울부짖음, 지나친 그루밍 등을 보였다고 해요. 혹시 반려묘가 평소에 어디를 가든 끊임없이 따라다니거나 문이 닫히면 나올 때까지 우는 등의 행동을 보인다면 분리불안의 초기 증상일 수 있다고 하니 그저 어리광쟁이라 생각하고 넘기기보다는 지속적인 관찰을 통해 분리불안이 맞는지를 파악해야 합니다.

반려묘의 분리불안 증세를 줄여주기 위해서는 집사에게만 향하는 관심을 분산시키고 집사의 부재를 느낄 틈이 없는 환경을 조성해주는 것이 좋은데요. 따라서 평소 장난감을 이용한 사냥놀이를 자주 해주거나 여러 가지 구조물을 설치하고, 고양이를 위한 영상 또는 소리를 틀어주는 것 등이 효과적이라고 합니다.

커져만 가는 사랑이 문득 두려울 때

고양이를 키워야겠다고 생각한 순간을 기억하고 있나요? 너무 외로워서, 길에서 우연히 마주쳐서, 혹은 지인의 고양이가 새끼를 낳아서 등등 그 계기는 참으로 다양할 겁니다.

처음에는 분명 우여곡절이 많았겠죠. 고양이가 뭔가를 원하는 것 같긴 한데 도통 알아들을 수 없어 답답했던 일도, 사고만 치는 고양이가 얄미웠거나 갑자기 상태가 이상해 서둘러 병원에 데려간 일도, 다 지나고 나면 모든 게 익숙해지면서 고양이에 대한 사랑도 커졌을 거예요.

실제 조사에 따르면 고양이에 대한 애정은 함께 살면서 점점 커지다 2년 정도가 지나면 급격하게 증가한다고 하는데요. 가끔은 반려묘가 삶의 너무 많은 부분을 차지해버려 덜컥 두려울 때도 있겠지만 그럴 땐 그저 조금이라도 더 함께 있어 주기로 해요.

사랑하는 마음이라면 나도 지지 않아

슬기로운 반려 생활
냥냥이 편

인쇄 초판 1쇄 2021년 7월 28일
발행 초판 1쇄 2021년 8월 6일

지은이 김수현 · 한지수
발행인 김지연
일러스트 송현진
디자인 임응진
책임편집 김민정
발행처 도서출판 의학서원

등록번호 제406-00047호 / 2006. 3. 2
주소 인천광역시 연수구 송도미래로 30 송도스마트밸리 지식산업센터 D동 504호
　　　　T. 032) 816-8070(代)　　F. 032) 837-5808
홈페이지 www.dhsw.co.kr
e-mail bookkorea1@hanmail.net

정가 14,800원
ISBN 979-11-6308-029-9